밥 한 번 같이 할까요?

저자 김 영 규 목사

도서출판 조은

• 책을 내면서 •

"밥 한 번 같이 할까요?"

저자 **김 영 규**

   자라날 때도, 천천히 여유롭게 지낸 시절도, 신속히 달려가고 달려왔던 시간대도, 즐겁고 기쁠 때도 있었습니다. 때로는 무기력하고 답답하기도 했습니다. 말할 수 없는 고뇌와 고통의 날도, 말씀을 묵상하며 간절히 기도하는 시간도, 감사의 시간도 있었습니다. 때론 안타까울 때, 혼자 있는 시간에 그리움이 찾아올 때, 살아온 일상의 삶을 돌아보면서, 작은 이야기를 적었습니다.
   글을 수필 형식으로 쓰게 된 계기는 아무것도 할 수 없는 지극히 부족한 나를 돌아보며, 하나님의 뜻을 찾기 위함이었습니다.

   1장은 개인적 삶의 경험을 바탕으로 자서전 내용을 담아 문학적 수필로 작성하였습니다. 2장~3장은 인생 후반전에 하나님의 부르심을 받으며 듣고 배우고 연구하고 깨우친 믿음과 하나님 나라에 관한 신앙의 내용을 주로 이루는 수필입니다.
   2장은 우리의 이 땅의 삶에서 믿음의 중요성을 강조하고자 했습니다. 3장은 신학을 연구하고, 학위논문의 일부분을 일반인과 성도님에게 쉽게 알리고자 함에 재인용하여 작성했습니다. 성경 말씀에서 "하나님 나라"에 관해 쉽게 요점으로 표현하고자 했습니다. 신학자들의 견해는 될 수 있으면 언급하지 않으려 했습니다.

작성 방법에 있어서 참고된 사항입니다. 1장 삶의 일상에서는 이미 문학지에 게재했던 수필을 그대로 싣기도 했습니다. 어린 시절부터 일상 소재로 적었습니다. 2장은 믿음을 알 수 있도록 하는 관점에서 적었습니다. 성경을 배우며 강의하면서 요약한 부분을 활용하기도 했습니다. 3장에서는 제 신학박사 논문(누가복음 11:1-3 기도 가르침 속의 '하나님 나라'에 관한 신학적 연구) 내용의 일부를 재인용하기도 했습니다.

장별로, 1장에서 콧줄 이야기, 짚신 이야기, 시간 이야기, 감 이야기, 잃어버린 소 이야기 등이 있습니다.
2장에서 창세기의 창조로부터 요한계시록의 새 창조까지 걸친 믿음의 주요 사항과 히브리서 11장에 기록된 믿음의 사람들 외 믿음의 사람들(향유를 부은 여인, 여호수아, 하박국, 아모스, 말라기, 시편의 다윗, 예수, 베드로, 사도 요한 등)에 관해 신앙적 수필을 적었습니다.
3장의 하나님 나라는 창조로부터, 예수 그리스도의 하나님 나라, 사도 바울의 하나님 나라와 요한 서신의 하나님 나라에 관해 수필 형태로 작성했습니다. 현재의 환경에서 하나님 나라를 알아가며, 그 나라의 자녀로 살아가는 씨앗이자 계기가 되길 바랍니다.

어린 소년의 소소한 일상 이야기에서부터 어느 날 하나님의 은혜로 믿음을 가지게 되고, 하나님의 종으로 사명의 길을 걷게 된 계기 등도 실었습니다. 기도해 주시고 도우심을 주신 모든 분에게 감사드립니다. 책의 제목은 일상적인 표현인, "밥 한 번 같이 할까요?"로 했습니다.

이제 책을 내며 나아갈 길 위에서 푯대를 바라봅니다. 아모스가 믿음으로 시대적 사명을 전한 은혜처럼, 때를 따르는 은혜가 있기를 바랍니다.

2025년 8월 9일 파주 서재에서
저자 김 영 규 목사

차 례

밥 한 번 같이 할까요? 책을 내면서 … 3

01. 삶의 일상에서

밥 한 번 같이 할까요? … 10
어릴 적 아버지의 기억 … 14
찐빵 이야기 … 18
나는 과연 사명자인가? … 21
콧줄 이야기 … 25
짚신 이야기 … 28
성묘에 대한 기억 … 31
과일 바구니 … 34
시간 이야기 … 36
세 친구의 종교 … 40
가정에 대하여 … 43
감 이야기 … 47
삶은 달걀 … 50
말과 글 … 52
어느 하나님 사람의 기도원 사역 … 55
수모와 고난에 대하여 … 57

잃어버린 소 이야기 … 59
어느 토요일 아침 … 62

02. 믿음에 관한 글

창조에 관한 믿음에 대하여 … 66
향유를 부은 한 여인의 믿음 … 69
"이기는 자 되어라"는 말씀을 믿음 … 73
"믿음 사용 설명서"를 다시 보며 … 75
목회에서 믿음이란 … 77
"전쟁에 임하는 믿음"의 현시대 적용 … 82
여호수아 말과 믿음 … 86
하박국의 믿음과 기도 … 90
아모스는 믿음으로 어떤 사명 했는가? … 93
말라기의 믿음 … 97
믿음이 생기는 원천과 삶 … 100
나와 공동체 기도 속의 믿음 … 104
시편 1편, 믿음의 측면에서 … 107
시편 8편, 믿음의 측면에서 … 110
천국의 비밀 비유 듣고 믿는 믿음 … 113
안식을 얻는 믿음에 관하여 … 116
베드로의 믿음과 사랑에 관하여 … 119
세상을 이기는 자의 믿음 … 121

03. 하나님 나라 이야기 묵상의 글

약속, 언약에 대하여 … 126

"하나님의 형상과 모양"에 대하여 … 128

인간의 죄와 구원에 관하여 … 134

사탄의 거짓말로 지은 인간의 죄 영향 … 137

선악과, 그것이 알고 싶다 … 140

왜 노아 홍수가 일어났을까? … 144

하나님 나라의 국민은 어떤 사람인가? … 147

족보에 대하여 … 150

모세의 출애굽 주요 이야기 … 153

어느 광야에서 인간존재의 의미 알기 … 159

은혜받은 자여 … 162

교회 이야기 … 164

거룩함과 하나님의 나라 … 169

신학에서 하나님의 나라는 무엇인가? … 171

예수 그리스도 … 173

사탄을 이기는 하나님 나라 백성 … 175

바울의 향기로운 편지 … 179

사귐에 대하여 … 182

인간 죽음 후의 하나님 나라는? … 185

에필로그 … 190

01
삶의 일상에서

밥 한 번 같이 할까요?[1]

시간 여유가 있을 때면 아내와 같이 저녁 식사한다. 아내가 해주는 밥이 맛있고, 만들어주는 음식들에 사랑의 마음도 담겨있다. 어릴 적에 어머니께서 해 주신 따스한 밥을 먹고 자랐다. 자연스럽게 아버지와 함께 식사했었다. 가끔 TV 프로그램에 어느 유명인이 여행지에서 밥 먹는 장면을 보면, 부모님과 밥 먹던 생각이 난다. 지인들 만나 특별히 맛있는 음식을 먹게 되면, 사랑하는 사람들이 떠오른다.

나는 어머니가 지어주시는 밥을 잘 먹었다. 아버지는 식사하실 때 별 말씀을 하지는 않으셨다. 그렇게 우리 집 식사는 평범했다. 그러다가 명절이 되면, 명절맞이 따스한 음식을 먹었다. 가끔은 그때 먹었던 음식들이 생각난다. 옛 추억과 기억들이 맴돌곤 한다.

중 고등학교 시절에는 제법 거리가 있어서 버스를 타고 학교에 다녔다. 그 시절에 각자 집에서 도시락을 싸서 갔다. 학교에서 친구들과 밥을 먹을 때는 밥보다 반찬에 더 신경이 쓰였다. 밥은 똑같이 보이고, 반찬은 눈으로 바로 서로 차이점을 서로 알 수 있었다. 나는 점심시간이 되면 어머니가 정성스럽게 싸준 도시락을

---

[1] 김영규, "따스한 밥 한 그릇", 쉴만한물가 통권6호 2024. 6. 394-397.

친구들과 먹고 오후 수업을 들었다.

　대학교 시절에는 대학교는 집과 가까운 곳이었다. 그래서 수업 전후에 집까지 걸어와서 밥을 먹었다. 특별한 행사가 있으면 행사에 맞는 식사를 했다. 대학교 동아리 모임 후 식사는 학교 앞 식당을 이용했다. 단체일 때는 짜장면으로 식사를 한 것으로 기억한다. 둘이 있을 때는 국밥, 한식을 먹었다. 밥을 먹으며 젊은 날 할 수 있는 '인생'과 '시험'에 관하여 대화했다. 짜장면을 빠르게 먹는 날이면, "젊음과 청춘, 나라와 미래"에 대한 토의를 격하게 한 것 같다. 꿈도 많았고, 미래에 대한 열정도 많았던 시절이다.
　대학 시절 어느 중간고사가 끝나는 때였다. 내 생일이었는데 친구들이 우리 집에 와서 식사를 같이하기로 했다. 그런데 식사 약속한 그날, 학교 도서관에서 10월 16일경, 공부하는 중에 대한민국 현대사 민주화 운동의 하나인 부마민주항쟁이 일어난 것을 직접 목격했다. 친구들과 연락은 되지 않았고 따스한 밥 한 그릇 같이 못했다. 그리고 며칠 후에 학교 앞에 군인과 탱크가 서 있는 걸 보았다. 초등학교 동기가 그날의 사건들을 기록하고 수고하여 학교 앞 도로명을 "10.16부마민주항쟁로"로 바꾸는데 기여했다. 따스한 밥을 먹을 수 있는 것에도 은혜와 감사가 있다.

　이스라엘 백성은 광야 생활에서 매일 만나를 먹었다고 한다. 가나안 들어가기 전에 하늘에서 내려온 만나와 들어간 후의 만나의 맛은 달랐다. 만나의 맛 자체가 달라졌는지, 아니면 먹는 이의 입

맛이 달라졌는지 어느 쪽일까? "입맛이 달라졌다"라고 생각한다.

이 땅에 오신 예수님은 유대인의 명절인 유월절이 다가올 때쯤 벳새다 들녘에서 오병이어의 사건을 행하셨다. 벳새다는 디베랴의 갈릴리 바다의 건너편이다. 로마 황제 티베리우스를 기념하는 디베랴의 명칭이다. 로마라는 나라 황제를 기념하는 곳이다. 그곳에서 예수님은 하늘에서 내려온 참 떡, 하나님의 떡을 주셨다. 썩을 양식을 위해 일하지 말고, 영생의 양식을 먹으라 하셨다. 세상에 생명을 주신다고 말씀하셨다. 예수님은 하나님이 보내신 이를 믿는 것이 하나님의 일이라고 하셨다. 제자들은 예수님의 말씀을 이해하지 못하여 떠나려고 했다. 열두 제자에게 너희도 가려느냐 하니, 베드로가 영생의 말씀이 주께 있다고 했다. 너희 중에 하나는 마귀라고 했다.

이 세상에서 "무엇을 먹고 어떻게 사는가?"하는 문제와 답을 알아야 한다. 예수님께서는 누구든지 제자의 이름으로 냉수 한 그릇이라도 주는 자는 결단코 상을 잃지 않는다고 하셨다. 썩지 않고 더럽지 않고 허망하지 않은 유업을 잇고 싶다. 산 소망을 가지고 따스한 밥 한 그릇 같이 먹고 나누고 싶은 날이다.

최근에 나의 하루 세끼 먹는 문제 해결은 간단하다. 아침에는 빵과 계란과 요구르트를 먹는다. 점심은 간단히 먹는다. 손쉽게 라면 끓여 먹기도 한다. 저녁은 아내가 차려주는 따스한 밥에 국도 있다.

결혼 후 아내가 처음 친정에 간 날이다. 장모님은 따스한 밥과 진수성찬으로 "김서방 많이 드시게"하셨다. 그 음성이 불현듯 지금 들린다. 엊그제 장모님이 구급차로 병원에 갔고 입원하셨다. 이제 스스로 힘으로 움직이지 못하시고 음식도 씹어 드시지 못한다. 오늘은 따스한 밥을 같이 하고 싶은 마음이 든다. 고우셨던 모습에서 지금까지 지내 온 시간들이 밀려오며 눈물이 난다. 조석으로 기도 속에 하나님의 은혜를 간구한다. 장인어른께서 나를 불러 함께 한 따스한 밥, 대화들이 기억 속에 있다. 사랑이 담긴 따스한 밥을 주셔서 감사하다.

　나도 언제 하나님이 부르시고 떠날지 모르는 순례자이다. 이 땅에서 언젠가는 떠난다. 살아가는 동안에 가족, 식구, 공동체, 친구들과 밥을 같이 먹는다. 감사한 분들에게 따스한 밥, 대접하고 싶다.
　"밥 한 번 같이 할까요?"

어릴 적 아버지의 기억[2]

이제 내 나이도 제법 되어 간다. 보낸 세월이 아버지 가신 세월 근처에 접어 들어간다. 그래서인지 아버지 생각이 난다. 요즘 트롯 가수가 아버지를 그리는 노래를 부르면, 눈물이 절로 난다. 아버지가 그립고, 보고 싶어진다. 아버지는 젊은 나이에 할아버지, 할머니를 보내시고 고생하시면서 어린 동생들을 키우셨다. 그 시절 혼자 어깨에 지고 살아가신 그 짐들이 고난이고 힘이 드셨음을 내가 장년이 되고 결혼하고 두 아이를 기르고 반백 년이 지나서야 알아차리게 되었다.

아버지는 어머니가 나를 품었을 때, 한의사 공부하셨다. 내가 태어날 때는 큰 홍수가 났던 해였다고 한다. 어머니는 날 낳고 일주일 만에 밭으로 일을 나갈 수밖에 없었던 사정이 있었다. "몸도 성하지 않았고 젖을 찾는 애를 놓아두고, 물난리가 난 밭으로 일을 나갔다"라고 어머니는 내가 말을 알아듣는 어릴 때, 내게 몇 번 말씀 하셨다.

아버지는 긴 겨울 추운 방에 홀로 공부하시고, 한의사 국가시험에 합격하셨다. 아버지는 시골에서 온천장으로 이사를 하여 한의원을 차리시고 병자들을 돌보셨다. 아버지는 병원에서 온종일 환

---

[2] 김영규, 국신문학 제3호 2024. 4. 167-70.

자들을 돌보셨다. 그런데 어느 날 밤 12시경이었다. 어느 아이의 부모는 아픈 아이를 안고 병원 문을 열어 달라고 쾅쾅 두들기는 소리가 났다. 병원과 연결된 내가 자는 집 안쪽 방까지 들렸다. 그 소리가 얼마나 컸던지 깊은 잠에 빠져 있었던 나까지 흔들어 깨웠다. 비록 어린 나이였지만 생과 사를 오가는 다급한 상황을 어렴풋이 느낄 수 있었다. 어린 나는 삶이 무엇인지 여러 가지 생각해 보았다. 아버지는 사람의 얼굴과 아픈 부위를 보고, 진맥을 통해 어디가 아픈 것과 그 원인을 찾아내셨다. 나는 그런 아버지가 참으로 대단해 보였다.

내 초등학교 시절, 아버지가 한의사 하실 때, 병원에서 그리 멀지 않는 곳에 육이오 전쟁으로 인해 생긴 고아들을 돌보는 고아원이 있었다. 아버지는 고아원을 여러모로 도운 것으로 기억한다. 왜 아버지는 고아들을 돕고 노인들을 보살피셨을까? 어린 나는 책을 사고 싶었지만, 나에게 책 살 돈은 주지 않으셨다. 절약 정신 역시 철저하셨다. 하지만 고아원과 양로원에 후원하시는 것을 아끼시지 않으셨다. 그런 아버지를 보고 자랐다. 아버지는 환자들을 잘 돌보셨지만, 재정에 대한 관리는 꼼꼼하지 못하신 듯했다. 누군가 달라고 하면, 그저 그냥 주셨다. 빌려 간 사람이 갚지 않아도 받으려고 하지도 않으신 듯했다. 서류 보관하지 않으셨다. 아버지를 돕는 자에게 믿고 맡겨 두시는 정도였던 것으로 기억된다. 만약 아버지가 꼼꼼하셨다면 이라는 가정은 불필요하다. 주신 것들이 아버지에게는 나눔으로 여겼던 것 같다.

사춘기 중학생 때, 나는 인생은 어디에서 와서 어디로 가는지를 스스로 질문을 했다. 공부하는 방법, 살아가는 방법을 아버지에게 물을 때, 아버지는 "한 번 틀린 것은 다시는 틀리지 않도록 하라"라고 가르침을 주셨다. 그래서인지 나는 수학을 잘했다. 수학은 프로세스가 있는 언어 같았다. 아버지의 가르침은 공부할 때, 직장 생활할 때, 문제가 닥칠 때 문제의 원인과 해결 방법을 찾는데 통찰력을 주었다. 언제부터인가 그 방법, 통찰력 너머 은혜 주시는 분이 계심을 알고 기도하게 된다.

온종일 환자를 돌보셨던 아버지는 때로는 끼니를 거르거나 늦게 드셨다. 환자가 없을 때는 책을 보셨다. 내가 병원에 가면, 툭 던지는 질문이 그 책에 적힌 사람의 도리에 관한 질문이었다. 어떤 책을 보셨을까? 한자로 된 책들이 제법 많았던 듯하다. 아버지가 세상을 떠나신 후 나는 한 권의 책 외는 어떠한 유품도 가지지 않았다. 아버지가 자주 보셨던 한 권의 책을 가지고 싶었다. 내가 가진 그 책을 내 책장 속에 감추어 두고 있다. 아버지는 나에게 세상의 이치를 가르쳐 주려고 하셨던 것 같다.

아버지는 좋은 약재를 사고자 힘쓰시는 것을 보았다. 직접 자신을 대상으로 먹어보고 효능을 점검하시기도 하셨다. 열정적으로 병을 고치시고자 하시는 모습이 내 뇌리에 자리 잡고 있다. 기계를 사용하여 대량으로 만들 때도 아버지는 달랐다. 모든 약재를 손수 만드시는 장면들이 기억난다. 그 약재들을 주위에 나누어 주시는 모습들이 생각이 난다.

　아버지에 대한 나의 기억은 나의 삶에 큰 영향을 주었다. 게으른 나에게 부지런함을 가르쳐 주셨다. 소심한 나에게 담대함을 가지도록 하셨다. 늘 배우고 살아가도록 하셨다. 가정을 돌보며 사랑하도록 본을 보여주셨다. 내 인생의 가장 힘든 고비에, 아버지는 세상에 안 계셨다. 하지만 아버지의 영혼은 내 안에 늘 살아 숨 쉬고 계셨다. 다시 일어날 힘을 주셨다. 용기를 주셨다.

　아버지에게 감사드린다.
　찬양을 드린다.

낳으시고 길러주신(577)

1. 낳으시고 길러주신 어버이의 큰사랑 바다보다 넓으시고
　 산보다도 높은사랑 하나님을 경외하신 어버이의 크신사랑
2. 힘들거나 괴로울때 기도하신 어버이 즐거운일 함께웃고
　 기뻐하신 그얼굴이 간긴시간 흘렀으나 마음속에 남았구나
3. 재미있게 가르치신 귀한성경 말씀이 기쁜노래 찬양하며
　 예배드린 그시절이 지금와서 생각하니 어찌평생 잊으리까

후렴. 내게주신 크신은혜 하나님을 찬양하세 주님은혜
　　　 감사하며 영광찬양 할렐루야

주) "찬양곡(　) 은 한국찬송가공회, ㈜예장출판사(개혁개정)의 번호 인용

찐빵 이야기[3]

오늘 장모님 뵈러 손님이 집으로 온다. 아침부터 아내는 준비한다. 그러면서 나에게 식사는 함께 안 하기로 했으니, 간식용으로 빵과 떡을 사 오라 한다. 빵집에서 빵을 사고 떡집에 가니 문을 닫았다. 상가를 한 바퀴 돌면서 적절한 간식을 찾았다. 눈에 찐빵 가게가 보였고, 몇 개를 샀다.

옛적에 먹었던 찐빵은 겨울에 '호호호' 불면서, 눈이 반짝이며 먹었다. 어머니는 시장에서 파는 과자와 찐빵은 사서 주셨다. 어릴 적 살던 집 가까이 있는 시장에는 모든 것이 있었다. 소년의 눈에는 옷도, 이불도, 물고기와 소고기도, 사과, 채소, 쌀, 과자, 떡 등 신기하게 보였다.

중학교 시절 친구들과 이야기하며 먹었던 것은 떡보다 빵이었다. 왜? 그런 것을 먹게 되었을까? 그 시절의 떡집은 떡만 팔고 먹는 장소가 없기 때문일까? 요즘 빵집은 빵을 먹으며 이야기할 수 있는 공간이 있었기 때문일까? 빵 먹는 자체보다는 앞에 앉은 친구가 더 중요한 때도 있다.

그 시절 기억에 찐빵은 주로 겨울에 먹었고 아주 맛이 있었다.

---

[3] 김영규, 국신문학 제4호 2025. 5. 64-66.

스팀으로 갓 쪄 나온 찐빵에 따스함과 훈훈함이 감싸져 있었다. 요즘 찐빵은 안에 무엇이 들어 있는지에 따라 찐빵의 종류가 몇 가지 있다. 옛적에는 팥이 들어있는 찐빵이 주된 찐빵이다. 최근에는 야채 찐빵, 김치 찐빵, 고기 찐빵 등 종류가 다양하다.

찐빵의 맛은 세월 따라 달라졌다. 문득 이스라엘 백성이 출애굽 후에 광야에서 양식으로 먹었던 만나에 관한 이야기 생각이 난다. 처음 먹을 때에는 그 맛이 꿀 섞인 과자 맛이다. 40년 동안 하늘에서 내려와 먹이셨다. 가나안 땅에 들어가 소산을 얻고 난 후에는 하늘에서 내려온 만나는 얻지 못하고 가나안 열매를 먹게 되었다. 만나를 먹이신 것은 "사람은 떡으로만 사는 것이 아니라 하나님의 말씀으로 사는 것"을 알게 하심이라고 가르친다. 하나님은 구원한 자기 백성에게 광야에서 만나를 통해 시험하셨는데, 이는 "복을 주시기 위함"이다.

이 만나는 하나님의 말씀이다. 진리의 말씀으로 만드는 조건이 같으니, 맛이 같다. 그런데 먹는 사람의 입맛에 따라 맛이 다를 수 있다. 반면, 찐빵은 시간과 장소 따라 만드는 사람과 방법이 변화되어 맛이 다르다.

성경은 만나의 보관은 자연적이고 보관 기간을 정해주고 있다. 한편, 찐빵은 보관 방법이 만드는 사람에 따라 다르다. 오늘 산 찐빵은 딱딱해져서 아마도 오늘 전에 만든 것 같다. 오늘날 찐빵보다 떡을 먹는 이유가 여기에 있다는 느낌이 들었다. 현시대는 보관을 적절한 방법으로 해야 한다. 보관은 일정 조건의 공간에 일정한 온도와 습도를 유지해야 한다.

찐빵과 만나의 공통점은 겉과 속이 구분하여 있다는 점이다. 빵 속에 무언가를 넣어두고 감싸는 양식이다. 그 속에 무엇을 넣는가에 따라 맛이 다르다. 찐빵을 만드는 것에도 구성과 순서와 기술이 있을 것이다. 겉의 재료는 맛뿐만 아니라 안을 잘 감쌀 수 있는 기능을 하는 성분으로 구성하고, 안의 재료는 고객의 성향에 맞는 영양과 맛을 구현해 주어야 한다.

찐빵을 찾는 사람들이 있어서, 제빵회사에서 기계로, 대량으로 찐빵을 만들어서 팔기도 한다. 그런데 찐빵이 떡과 다른 빵보다 소비성이 낮은 것은 먹기 전에 한 가지 더 프로세스를 거쳐야 한다. 그것은 따뜻하게 데워야 한다는 것이다. 현대인은 간단한 것을 좋아한다. 기술의 발달로 떡도 개별 포장하여 바로 먹을 수 있도록 생산한다.

이스라엘은 출애굽 후, 광야에서 만나를 먹었다. 그런데 그들이 그 광야에서 불순종하여 먹다가 죽었다. 예수님은 자신이 "생명의 떡"이라고 말씀하신다. 자신을 먹으면, 즉 "그리스도와 연합하면 영생한다"라고 말씀하신다.

찐빵을 사서 먹으며, 눈을 들어 영생의 떡을 먹는 휴일 오후이다. 일상의 삶 속에서 은혜와 평강이 있기를 기도한다.

나는 과연 사명자인가?[4]

새벽을 깨우시는 은혜에, 새로운 하루를 주심에 감사하게 된다. 가끔은 몸이 무겁고, 밤사이 몇 차례 깨고 자고를 반복하는 힘든 날도 있지만 그래도 감사의 날을 살아간다는 것이 눈물이 난다.

어느 새벽 문득, "나는 사명자인가?"라는 질문을 하게 되었다.
고단하기만 한 인생의 길에 우리는 어떤 형태로이든지 힘들 때를 맞이한다. 저의 힘들었던 때가 주마등처럼 스쳐 지나간다. 그때마다 잘 지나가게 해달라고 기도하고, 때론 이렇게 지나가는 아픔이라도 고통스러우니 도와주시기를 기도하기도 했다.
우리가 겪는 힘든 일들은 우리를 하나님 앞으로 더 나아가게 함을, 우리의 어려움조차도 하나님의 계획 안에 있는 것임을 고백하게 된다.

반평생을 공학자로 살다가, 뒤늦게 신학을 하게 된 그것도 생각하면, 모두가 하나님의 이끄심이었다. 어렵게 신학을 하게 하고, 기도하고 하나님의 뜻으로 찾아서 조그만 교회 개척하게 하셨다. 그렇게 열어주신 사역이었지만, 설익은 풋사과처럼 늘 아쉽고 나의 부족함을 느끼곤 했다.

---

[4] 김영규, 국신문학 제2호 2023. 3. 124-127.

어느 날 평신도 때 섬겼던 일산에 있는 교회의 담임 목사한테서 전화를 받았다.
"김 목사, 힘들지?"이라고 하신 한 마디에 왈칵 눈물이 났다.
"아닙니다. 힘들지 않습니다."라고 빠르게 대답했습니다만, 저는 "제가 정말 사명자인지? 혹여 주님의 음성을 잘못 들은 아닌지…"
차마 말을 잇지 못하고 말끝을 흐리니, 훈훈함이 가득한 격려와 용기의 말씀을 해 주셨다.

어느 날 마음이 힘들어 기도하고 있을 때, 친구 장로님이 전화를 주면서 "목사님, 기도하고 있습니다. 지금은 힘드실지라도 언젠가 반드시 크신 하나님의 일하심이 있으실 것입니다."라고 격려해 주었다.
지난 부활절쯤에 지난날 섬겼던 고창에 있는 교회를 담임하시는 목사님이 전화를 주셔서, "건강이 어떠하신가요? 사모님이 어떠하신지요?"라고 묻고 이번 부활절 헌금은 개척교회를 돕기로 했다고 하시며 보내주시고, 사명자의 길을 가도록 격려해 주셨다.
어느 날은 중고등학교 때 다녔던 부산에 있는 교회의 장로님이, 또 다른 날엔, "목사님 어떻게 지내시는가요? 궁금해서요"라는 안부를 주는 하나님 사람들의 말 속에서, 짧은 글 속에, 또한 신학 함께한 어느 동기와 목회에 각별한 사이인 선후배님의 격려 속에서 하나님이 주시는 세미한 음성과 위로와 격려를 듣게 되었다. 성경 곳곳에서 발견한 하나님의 사람들에게 하나님께서 들려주시는 음성처럼 말입니다.

바로 어제 90세 넘기신 어느 노 목사님의 말씀을 우연히 듣게 되었다. 그분은, "사명자가 중간에 포기하는 것은 사명자가 아니다"라고 강하게 말씀하심에 저에게는 큰 감동을 주었다. 주님이 저에게 물어보시는 것같이 마음이 철렁했다.

"너는 네 자신이 과연 사명자라고 생각하느냐? 그럼 어떤 사명자가 되어야 하겠느냐?"
딤후 4:7절, "나는 선한 싸움을 싸우고 나의 달려갈 길을 마치고 믿음을 지켰으니 이제 후로는 나를 위하여 의의 면류관이 예비되었으므로 주 곧 의로우신 재판장이 그날에 내게 주실 것이며 내게만 아니라 주의 나타내심을 사모하는 모든 자에게도니라"

근간에 코로나로 예배가 무너짐을 본다. 그 현장을 보는 우리 마음도 덩달아 무너져 내린다. 기도 중에 무너진 예배를 다시 세우고, 교회의 부흥으로 생명을 살리는 일, 영혼 구혼하는 사역에 "사명자로 목숨을 걸어야 한다"라는 마음에 오늘 하루 또 힘을 내보려 한다. 주님이 이 땅에 남겨놓으신 십자가의 길, 말씀과 기도로 사람을 살리고 거듭나게 하는 그 길, 참된 예배자의 길, 부흥의 길, 하나님 나라를 위하여 기도한다.

편찮으신 장모님을 모시고 병원에 오가며, 삶과 죽음, 하나님 나라에 대하여 생각했다. 한 번 사는 인생, 한 번 죽는 것은 정해져 있는데, "어떻게 살아야 할 것인가?" 우리 인생의 죽음 너머의 삶과 다시 오실 예수님을 생각해 본다.

딤후 4:17-18절, "주께서 내 곁에 서서 나에게 힘을 주심은 나로 말미암아 선포된 말씀이 온전히 전파되어 모든 이방인이 듣게 하려 하심이니 내가 사자의 입에서 건짐을 받았느니라 주께서 나를 모든 악한 일에서 건져내시고 또 그의 천국에 들어가도록 구원하시리니 그에게 영광이 세세 무궁토록 있을지어다 아멘"

우리 생명이 내 것이 아님을, 오직 성령님의 도우심과 인도하심으로 이끄시는 이 길 위에 사명으로 부르신 은혜에 다시 한번 감사드리며 걸음으로 옮기는 새벽이다. 받은 은혜와 사랑을 기억하며, 전하고 나누고 치유하고 증거하는 삶이 되길 기도한다.

여명이 밝아온다. 젊은 목회자 디모데에게 자신의 목회를 맡기며 권면하는, 노년에 사도바울의 마음이 저의 마음에도 새록 스며든다. 모든 것이 하나님의 은혜임을 고백하며, 모든 사명자의 길 위에 성 삼위 하나님의 은혜가 충만하시길 기도한다.

콧줄 이야기

지난밤 무척 더웠다. 새벽에 장모님이 스스로 손으로 콧줄을 빼셨다. 아내는 화들짝 놀랐다. 왜냐하면 콧줄로 음식을 섭취하고 있기 때문이다. 나는 아침에 긴급히 방문 간호사가 오도록 하여 끼우면 된다고 말하고 조치했다.

생명줄, 목숨이나 수명을 보호하고 지켜주는 줄이다. 콧줄로 음식을 섭취하고 있으니, 지금 장모님에게는 콧줄이 음식을 공급하는 생명줄이다. 생명줄인지 모르시는지 답답하니 빼시려고 한다.

생명줄, "물 위에 생명줄 던지어라"라는 찬송가가 들린다. "물 위에 생명줄 던지어라. 누가 저 형제를 구원하랴 우리의 가까운 형제이니 이 생명줄 그 누가 던지려나 생명줄 던져 생명줄 던져 물속에 빠져간다. 생명줄 던져 생명줄 던져 지금 곧 건지어라" 1절을 불렀다. 눈물이 살며시 내리다가 쏟아진다. 육신의 형제들이 생각이 난다. 간절히 기도한다.

생명줄은 사망에 끌려가는 자를 건져주는 줄이다. 죽음이 덮치는 상황에서 생명줄을 던져서 구원해야 한다. 죽을 수밖에 없는 인간에게 십자가의 피로 구원의 길을 여신 분이 예수 그리스도이시다.

예수, 길이요 진리요 생명이시다.

 인간은 영혼과 육체로 구성되어 있다. 사람의 영은 하나님을 아는 데 있어 필수적이다. 직관, 양심, 교통이 있다. 혼은 자기를 아는 의식으로, 마음을 생각하고 느끼고 결정하는, 지정의 기능이 있다.

 콧줄은 스스로 음식을 못 드시니, 그런 분을 위하여 의학적 진전으로 생긴 보조 기구이다. 인간은 어릴 적부터 스스로 할 수 있는 것은 별로 없다. 부모의 사랑과 보살핌으로 자라고 살아간다. 장성하여 결혼하고, 배우자와의 관계, 이웃과의 관계 속에서 베풂으로 섬김으로 살아간다. 특별히 그리스도인이 된다는 것, 하나님의 형상과 모양으로 살아간다는 것은 예수 그리스도의 진리 안에서 하나님의 사랑을 이루는 것이다. 이웃과 공동체 안에서 사귐을 가지는 것에서 사랑을 실천해 가는 것이다.
 콧줄이 필요하신 분에게 콧줄을 달아드리고 섬기는 것, 사랑이다. 지금은 그것이 장모님에게는 중요하다. 아내가 장모님을 향한 사랑이 전해져 온다. 참 감사하다.

 나에게 지금, 콧줄은 무엇인가? 깊이 묵상한다.

 하나님의 말씀과 기도로, 진리 안에서 사랑의 콧줄을 달아드리자. 주님이 부르시는 그날까지 다시 오실 주님을 믿음으로 사명 감당하며 살아내길 간절히 기도한다.

　여름날 오후, 장모님 앞에 있는 부채에 적어진 졸시를 읽어 본다.
"생명 꽃", 김영규,
"태초/ 너 지금/ 아름다움 품어/ 비바람/ 천둥/ 아픔/ 머금 꽃/ 어머니/ 생명의 꽃/ 활짝/ 피었구나."

짚신 이야기

짚신이 걸린 사진 한 장을 본다. 짚으로 신을 만들어 초가집 처마에 걸려있는 사진이다. 짚신은 볏단을 재료로 만든다. 어릴 적에 할아버지께서 볏단으로 끈을 만드시는 모습을 보았다.

만드는 재료가 볏짚 이외에도 있지만, 볏짚을 주로 사용하였다. 볏짚을 이용했다는 것은 농사의 재료를 잘 활용했으며, 우리 선조들은 참으로 지혜로웠다.

할아버지는 볏짚을 재료로 필요한 물건을 만드셨다. 마당에 앉아 끈을 꼬아 만드시는 모습에서 가족의 내일을 준비하는 얼굴을 보았다. 옛 고향 집의 지붕도 볏짚이 재료이다. 할아버지는 만들고자 하는 것에 맞추어 볏짚을 다듬어 준비하셨다. 그 볏짚 재료로 끈을 만들기도 하고, 짚신을 만들기도 하고, 받침대를 만들기도 했다. 흙과 돌, 나무와 함께 볏단을 가지고 생활의 필요를 만드셨다.

짚신은 신발이다. 오래전에 우리 조상들이 발로 이동할 때, 즉 집 밖 나들이할 때 짚신을 신고 나섰다. 선비가 과거에 나설 때는 먼 길가기에 짚신을 추가로 준비했다. 또한 사람이 죽으면 먼 길 간다고 여겨 준비하기도 했다.

어린 시절 나는 어머니가 사주신 고무신과 운동화를 신었다. 아마도 내가 짚신의 세대 다음 세대일 것이다. 내가 대기업 금성사에 입사했을 때, 어머니는 구두를 사 주셨다. 그 신발을 신고 열심히 일했다. 금성사, LG전자 직원으로 세계 제일이 되기 위해 젊은 청춘을 회사 일에 바쳤다고 여긴다. 열심히 일하는 것은 내 나라와 회사, 가족을 위하는 길이라 믿었다. 그 후에 내가 포스코를 지도할 때, 포스코 임원은 나에게 안전화와 벨트를 선물로 주었다. 현장을 다니며 작업자의 변화와 작업 환경의 개선으로 안전하게 생산성 향상, 품질 향상, 원가 절감을 요청했고 나는 열정을 다해 지도했다.

나에게 "신발은 무엇인가?"라고 묻는다면, "가치를 창출하는 데 인간이 사용하는 도구"라고 말하고 싶다.

'짚신'이란 단어는 "청빈한 삶, 자연과 함께하는 삶, 스스로 이루어 가는 장인의 모습"이 떠오른다. "짚신을 만드는 것"은 "물건을 만드는 것"이고, "물건을 만드는 것"은 "인간을 만드는 것"에서 나온다고 생각한다. "물건을 만드는 인간을 만드는 것"은 만드는 물건을 담아내는 인간을 만드는 것이다. 이는 과거와 현재와 미래가 담겨 있다. 인간이 물건을 만들기 때문에, 어느 인간이 만드는가에 따라 물건의 질이 다르고, 제품 경쟁력의 차이가 난다.

내 할아버지께서는 땅 농사하시면서 짚신을 만들기도 하셨다. 할아버지는 내 아버지에게 사람으로 살아가는 지혜와 땅을 유산으로 물려주셨다. 내 아버지는 홀로 방에서 공부하여 국가고시에 합격하셔서 한의사가 되어 사람을 고치고 이웃을 섬겼다. 아버지는 나에게 공부하는 방법을 가르치시며 살아가는 지혜를 알려 주셨다.

할아버지에게는 농부의 정신, 어질고 정의로운 마음, 나라를 사랑하는 선비정신, 아끼고 준비하는 짚신 정신이 있었다. 아버지에게는 의사 정신, 나눔과 섬김, 희생이 있었다.
그런데 지금 나는 무슨 정신으로, 무엇으로 살아가고 있는가?

가정의 달, 할아버지와 아버지를 뵙고 싶다. 할아버지의 손자, 아버지의 아들이 복음을 전하는 목사가 된 것을 아시는지요? 눈물이 저절로 흐른다.

그 짚신을 만드는 세심한 정신이 백자 청자를 만들었고, 그 후손들이 산업화를 이루어 기계와 물건을 만들었다. 세계로 제품을 수출하며 세계화로 살만한 나라가 되었는데, 이렇게 된 것은 우연이 아니다. 나(우리)에게 주어진 "사명이 무엇인지?" 짚신 한 켤레를 보면서 생각해 본다.

이 아름다운 강산에서, 하나님의 은혜로 하나님이 원하시는 사람으로 살아가도록 복음, 예수 그리스도가 전해지길 간절히 기도한다.

성묘에 대한 기억

어린 시절 명절이 되면 제사를 지내고 성묘를 했다. 지금은 지내지도 않고 가지도 않는다. 명절이 오니 생각이 난다.

초등학교에 들어가기 전에 나는 어른들 따라서 선산의 산소들에 다녔다. 결혼 후에 친지와 조상들에게 인사하러 산소에 갔다. 아이들이 어릴 때 데리고 간 적이 있다. 그런데 나는 예수님을 믿고, 제사를 지내는 곳에도 가지 않았고, 성묘도 가지 않는다.

삶과 죽음에 관한 생각은 가끔 해 본다. 부고장을 받으면 깊이 생각하게 된다. 죽음 이후의 삶, 죽음 이후 삶 이후의 삶은 어떨까?

아버지는 할아버지의 유골을 선산에서 금정산 기슭으로 옮겼다. 초등학교 때 옮겨진 할아버지 묘소에 가는 길을 따라갔다. 산을 넘고 넘어 찾아가는데 쉽지는 않았다. 표시가 없어서 잘못 길을 들 수도 있었다. 처음 갔을 때 묘지 근처를 살펴보기 위해 둘러보신 듯하다. 묘지 근방에 낙동강을 내려다볼 수 있는 산 위 큰 바위가 있었다. 그 위 바위 끝에 서서 어린아이가 강물을 바라본 기억이 있다. 어머니는 놀라 하시며 아이가 위험하다고 말씀하셨다. 나에게는 떨어질지도 모르는 곳에 올라가지 말라고 하셨다. 나는 낙동

강의 흐르는 강물을 보면서 크게 호흡하였다. 저 강물은 어디서 와서 어디로 가는가?

어릴 때 큰 집 할머니가 세상을 떠났을 때, 상여 매고 가는 길을 따라간 모습이 스쳐 지나간다.
내게 사탕을 주셨던 할머니, 선산에 묻히고, 성묘 간 때는 찾아 산소 앞에 절하였다. 아버님이 세상에 계시지 않았던 어느 날에 집안의 어른들이 국가 정책으로 묘지를 옮겨야 한다고 말씀하셨다. 이후 선산의 일부는 다른 곳으로 옮겨졌다. 이 시점쯤 이후로 나는 아버지의 고향, 아버지께서 나오신 고향을 가지 않게 되었다. 조상들에게 지내는 소위 문중 제사에도 전혀 나가지 않았다.
죽음 이후 삶은 무엇이고, 선조들은 어디 계시는가?

야곱은 요셉에게 유언한다. 자신이 죽으면 조상이 묻힌 마므레 앞 막벨라 밭 굴에 묻혀달라고 한다. 장자가 아닌 요셉이 아버지 야곱의 유언대로 묻고, 자기 형제들과 함께 애굽으로 돌아간다. 그때 동생인 요셉은 형제들을 위로한다. 그리고 요셉은 죽으면서 언젠가 출애굽할 때, 요셉 자신의 유골을 메고 올라가도록 약속을 받는다. 세월이 흐르고 출애굽하는 긴박한 시점에, 모세는 애굽에 입관된 요셉의 유골을 메고 나온다. 성경은 여호수아의 죽음을 소개한 후에, 이스라엘 자손이 애굽에서 가져온 요셉의 유골을 세겜에 장사하였다고 기록한다.
이는 삶과 죽음의 연결에서 정체성을 보여준다. 아브라함은 고향

하란을 떠나 하나님이 지시한 땅으로 간다. 다시 고향으로 갔다는 기록은 없다. 믿음의 조상인 아브라함은 나온바 고향에서 가야 할 본향을 향해 살았다. 야곱도 요셉도 죽음 후의 삶에 대한 믿음을 가졌다.

고등학교 스승이 가르침을 주셨다. 사춘기와 젊은 날 방황할 때의 가르침이다. "화장터에 가 보라. 인간은 다 죽는다."라고 여러 번 가르쳤다. 내 짝꿍이었던 친구는 삶과 죽음을 고뇌하다가 어느 날 출가하여 스님이 되셨다. 많은 믿음의 친구들과 집사님들, 장로님들이 되시고, 선배 목사님이 되어 계신다. 그 믿음의 친구들과 모임을 가지며 서로 기도하고 기도해 주시니, 참 감사한다.

올해도 성묘는 가지 않는다. 명절 전날이다. 아버지와 어머니가 보고 싶다. 할아버지와 할머니도 뵙고 싶다. 눈물이 난다.

오늘 더 나은 본향을 향한다. 예수 그리스도 안에서 은혜와 평강이 있기를 기도한다. 죄와 죽음을 이기신 예수 그리스도 안에서 영생을 누리게 되기를 바라며 기도한다. 복음을 전하는 성령의 충만함과 증언의 능력이 더하도록 기도한다.

오늘 내가 있음은 모두 은혜임을 고백한다.

과일 바구니

초등학교 시절, 과일들 흔치 않았다. 더욱이 귤은 그 시절 시장에는 없었다. 일본에서 오신 손님이 귤을 주셔서 먹어볼 때, 참 맛도 모양도 신기했다. 대학교 졸업 후 회사 근무 초기에 일본으로 회사 일로 출장 간 적이 있다. 그곳에서 있는 과일이 풍성하다는 느낌을 받았다. 어느 가정을 방문했을 때, 테이블 위에 과일 바구니에 각종 과일이 풍성하게 있음을 보았다. 참으로 인상적인 기억이 남아 있다.

성경은 과일에 대하여 특별히 기록하고 있다. 보기에 아름답고 먹기에 좋은 나무, 생명나무, 선악을 알게 하는 나무를 소개한다. 그리고 "동산 각종 나무의 열매를 먹되 선악을 알게 하는 열매는 먹지 말라 네가 먹는 날에는 반드시 죽으리라"하셨다. 이 의미가 참으로 귀하다. 시편에서는 풍요와 안정을 포도나무와 감람나무로 비유했다(시 128:3). 요즘 우리네 과일 가게에 각종 열매가 많이 있다. 과일을 먹을 때, 감사한 마음이 들고. 때로는 선악을 알게 하는 나무 열매를 생각하게 된다.

선지자 아모스에게 보여준 환상 중에 여름 과일 한 광주리의 환상이 있다(암 8:1). 심판의 환상이다.

사도 요한이 듣고 본 계시에, "길 가운데로 흐르더라 강 좌우에 생명나무가 있어 열두 가지 열매를 맺되 날마다 그 열매를 맺고 그 나무 잎사귀들은 만국을 치료하기 위하여 있더라" 말씀한다(계 22:2). 창세기의 생명나무 이야기를 요한계시록에서 이야기한다.

지금의 시대는 옛적에 비해 귤 등 과일도 풍성한 나라에 살고 있다. 외국의 과일들도 비교적 손쉽게 먹을 수 있다. 이에 감사한다. 때를 따라 과일 바구니의 선물을 하기도 하고, 선물을 받기도 한다.
옛 시절을 회상하면서 계절에 맞는 과일을 나누며 먹으며 감사한다. 과일에 담긴 비유의 말씀을 전하며 기도한다.

신약의 과일 비유를 읽고 묵상한다.

포도원 무화과 비유(눅 13:6-9)

13:6 이에 비유로 말씀하시되 한 사람이 포도원에 무화과나무를 심은 것이 있더니 와서 그 열매를 구하였으나 얻지 못한지라
13:7 포도원지기에게 이르되 내가 삼 년을 와서 이 무화과나무에서 열매를 구하되 얻지 못하니 찍어버리라 어찌 땅만 버리게 하겠느냐
13:8 대답하여 이르되 주인이여 금년에도 그대로 두소서 내가 두루 파고 거름을 주리니
13:9 이후에 만일 열매가 열면 좋거니와 그렇지 않으면 찍어버리소서 하였다 하시니라

시간 이야기

우리는 인터넷 환경이 된다면 어느 시점이든지 어디에 있든지 24시간 정보를 받고 보낼 수 있는 시대에 살고 있다. 현대 국제적 정보 환경은 시스템적이고 시간에 기반한다.

인간 세상의 기원은 창세기에서 알 수 있으며, 창세기 1장의 "날"에 대한 해석은 문자적 해석, 시대적 해석, 문학적 해석 등이 있다. 예수님이 이 땅에 오신 때의 시간 사용은 유대시와 로마시가 있었고, 약 6시간 정도 차이가 있다. 창세기는 하루의 시작을 "저녁이 되고 아침이 되니"라고 하루를 표현한다. 이는 우리가 사는 시대의 아침이 날의 시작과는 개념상 차이가 있음을 나타낸다. 예수님은 "밤이 새도록", "새벽 아직도 밝기 전에" 습관에 따라 기도하셨고, 안식일에 생명을 살리는 사역을 하셨다.

세상은 시간의 흐름에 따라 역사가 있다. 기업의 경쟁력은 경영, 제품, 원가, 품질, 납기 등 생산성에 있으며, 생산성은 시간을 기준으로 한다. 성경은 시대와 시간을 명기하여 우리에게 분명히 알 수 있도록 계시하여 말씀하신다.

인간은 하나님의 형상과 모양대로, 이 땅에서 시간의 제약을 받는 존재이다. 그러므로 인간에게 제한된 시간의 사용은 매우 중요함을 알 수 있다.

사람은 모두 제각기 비전, 환경, 가치에 따라 살아가고 있다. 특별히 목사님들은 각자의 사명에 따라 사역 내용이 다르다. 어떤 분은 목양하고, 어떤 분은 신학을 연구하고 가르친다. 어느 분은 나름의 전문 분야, 특수한 분야에서 사역한다. 행정 목사, 교육 목사, 음악 목사 등도 있다. 부흥사로 찬양 사역을 하시는 분도 있다. 어떤 분은 아무것도 하지 않고 있다. 목회도 전임으로 사역하기도 하고 이중직으로 하기도 한다. 담임 목회, 부교역 목회, 공동 목회 등으로 분류할 수도 있다. 여러 목회를 다 조금씩 하는 분도 있다. 토요일과 일요일만 목회하는 분도 있다. 나는 상기 사역에서 어떤 부분에 속하는지 공통점을 찾아보고자 한다.

공통점이 있다면 똑같은 성경을 가지고 똑같은 시간으로 사역한다는 점이다. 차이점은 각자의 환경이라 여긴다. 목사의 부르심에 일찍 부르심 받은 분과 늦게 받은 분, 가진 바가 넉넉한 분과 부족한 분, 목회(선교 등)에 후원받는 분과 그러하지 못한 분, 개개인이 건강한 분과 아픈 분 등 환경의 차이는 있다. 목회는 세상과 다르다고 한다. 그러나 세상에서, 세상에 서서, 세상 안과 밖에서, 세상을 향하여 가르치고 복음을 전하고 섬겨야 한다.

그러므로 누구에게나 주어진 허락하신 24시간을 잘 계획적으로 사용해야 한다는 생각이다. 예를 들어 밤과 새벽에 기도하고, 오전에는 성경을 읽고, 오후에는 사역을 하는 것이다. 그러나 계획 이외의 일들이 많이 매일 일어난다. 특히 전화 받는 일도 계획 외 시간으로 소요되는 일이다. 잠을 줄이고, 좋아하는 일을 줄이며, 주어진 일을 하고자 하는 마음을 가지고 있다.

오랜 시간 관리에서 나름 시간을 효과적으로 사용하는 방법 중 하나는 새벽과 밤의 시간 활용에 있다. 왜냐하면 낮은 이웃과 관계되지만, 밤은 혼자 시간을 사용할 수 있기 때문이다. 또한 생명은 24시간 숨 쉬어야 한다. 주님과 교제는 언제나 늘 항상 있어야 한다. 진정으로 가까운 친구들은 24시간 언제든지 연결될 수 있다. 저에게는 어느 시간 언제든지 연락해도 된다. 병원의 응급실은 24시간 운영된다.

회사를 다니던 시절에 중장기 계획, 연간 계획, 월 계획, 주 계획, 일 계획서를 작성하고, 하루를 시간대로 나누어 기록했던 시절이 떠오른다. "초 관리"를 하던 시절도 있었다. 1980년대에는 노사 분규가 있었고, 한국 제조업의 변화를 이끌어 국제 경쟁력을 높여야 할 전략적 과제를 수행한 적이 있다. 그 기반 중 하나는 시간이다. 그날 하루에 할 일을 그날 하루에 하도록 하는 의식과 체계를 갖추도록 했다. 시간을 제대로 사용하는 방법들이 있었고, 그중 하나가 VM(Visual Management, 눈으로 보는 경영) 이다. 개념과 방법을 설명하고 교육했던 옛 시절이 지나간다. 땀과 눈물과 피로 보낸 젊은 청춘의 시절이 있었다. 그때와 비교해 요즘은 게으른 듯하다.

　목회는 조금 다를 수 있고 다르다. 시간에는 크로노스(Chronos)와 카이로스(Kairos)가 있다. 목회는 성령의 충만하심으로 성령의 인도하심을 받아야 한다. 일상의 연속적 시간도 중요하지만, 특별한 주관적 시간의 역사가 중요하다. 주목하시는 것으로 예수님께서는 새벽에 습관에 따라 기도하셨다. 식사 시간을 놓치면서까지 시간을 사용하여 사역하셨다. 사도행전을 보면, 사도 바울과 바나바의 기질에 따라 사역은 다르게 전개되었음을 알 수 있다. 나의 기질과 습관 때문인지, 새벽 시간에 기도하며 잘 활용하고자 한다. 요즘 왠지 게을러져 힘들어할 때도 있어 안타깝다. 언제까지 시간이 허락되어 있는지 알 수 없어 은혜를 간구한다.

　예배와 기도는, "정해진 일자와 시간에 하지만, 삶에서 호흡하듯 해야 한다"로 말한다. 사도 바울은, "세월을 아끼라, 때가 악하니라"라고 말씀한다(엡 5:16). "그리스도 안에서 누구와 교제(사귐)한다는 것은 무엇일까?" 스스로 자문하며, "나의 시간 이야기"를 줄인다. 은혜와 평강이 충만하시길 기도한다.

세 친구의 종교

 난 중학교와 고등학교를 시험으로 가던 시대 이후 입시 방법 변경에 따라 추첨으로 선정된 학교로 가게 된 세대이다. 나에게 그 추첨 결과로 배정된 학교는 중학교와 고등학교 모두 미션 스쿨이었다.

 그때 만났던 믿음의 친구들이 있다. 그 믿음의 친구들, 안수집사님, 장로님, 목사님들이 지금도 함께 교제를 나누고 함께하기도 한다. 감사한 친구들이다.
 한편, 그 시대에 옆 짝꿍이 "인간은 왜 사는가? 어디에서 와서 어디로 가는가?"를 묻고, 자퇴하면서 학교를 떠나고 스님이 되었다. 그 친구는 그 시절에 "아이는 어디에서 와서 어떻게 태어나는지?"를 내게 묻기도 했었다. 그 친구는 양산에 있는 제법 유명한 통도사의 주지, 방장이 되었다는 소식을 접했었다.
 기억나는 또 한 명의 동기는 천주교 신부가 된 친구이다. 오래전 고교 동기 모임에 와서 기도에 관하여 이야기했던 친구이다.
 나 역시 어린 나이부터 인간이 어디에서 와서 어디로 가는지 묻기도 했고 찾기도 했다. 기도는 무엇인지, 어떻게 해야 하는지 책을 사서 보기도 했고, 선생님을 찾아가 묻기도 하면서 알고자 했다.

오늘 아침, 그 친구들이 보고 싶다. 만나게 되면, 진리가 무엇인지 나누고 싶다. 지금 삶이 편안한지를 묻고 싶고, 젊은 날 찾고자 했던 것을 이제는 찾았는지를 나누고 싶다.

나는 우리 인생은 누구를 만나고. 그 만남에서 보고 들음에 내가 어떻게 반응했는지가 삶에 중요하다고 여긴다.

나도 고통에서 벗어나는 부처가 되려고 노력했다. 여러 권의 책과 법문 테이프를 들었다. 여러 절에 가기도 했다. 어느 날 깨달은 것은, "나는 절대로 부처가 될 수 없다"였다. 그 친구에게, "지금 부처가 되었는지?" 묻는다면 무엇이라고 대답할까?

기독교의 역사를 보면, 예수 그리스도 이 땅에 오신 후에 만민에게 성령이 임하며 이 땅에 교회가 생겨난 후에, 복음이 열방으로 전해진다. 그 과정에서 분열된 역사가 있음을 알 수 있다. 삼위일체 하나님이 어떤 분이신지에 대한 견해 차이로 서방 교회와 동방 교회로 나누어졌다. 성경론, 구원론, 종말론 등에 관한 견해 차이로 가톨릭과 개신교로 나누어진 역사가 있다. 분열의 근저에는 하나님이 주신 성경을 어떻게 해석하는지와 하나님을 어떤 분으로 보는지 등에 관해 어떤 관점과 인식을 가지는 차이에 있다고 보는 견해다.

친구로서 편한 마음으로 솔직한 대화가 될 수 있을 것이라는 기대는 그냥 기대로 그칠 듯하다. 나는 "진리가 자유롭게 하리라"고 믿는다. 진리는 예수 그리스도이다. 진리와 십자가 사랑을 믿는다.

십자가 사랑은 죄 진 인간을 구원하는 길을 열었다. 예수 그리스도 안에서 연합된 자는 진리의 말씀과 하나님의 사랑으로 구원하신다. 성령께서 진리를 조명하며 한 사람 한 사람의 구원을 적용하신다. 하나님께서 이루시고 통치하시는 하나님 나라의 자녀로 살아가도록 하신다.

주일 아침, 다시 오실 예수 그리스도를 바라보고 기도한다.

고교 앨범의 사진이다.

가정에 대하여

　나는 중학교 1학년쯤 사춘기였는지, 사람은 어디서 와서 왜 살고 어디로 가는지를 심하게 고민한 적이 있다. 그때 나는 나의 존재에 대해서 의문을 가졌다. 이 질문을 알고자 사방을 찾고 찾은 적이 있다. 세월이 흘러 어느 날 성경을 보게 되었다.

　내가 본 성경에서 말씀하시는 나의 존재를 적어본다. 한 사람에게서 또 한 사람이 나와서 가정을 이루었다. 가정은 공동체의 최소 단위이다. 인간은 하나님의 형상대로 하나님이 남자와 여자로 창조하셨다(창 1:27). 이를 믿는다면, 나의 존재는 하나님이 창조한 하나님의 사람이다.

　"하나님이 복을 주시고, 그들에게 생육하고 번성하여 땅에 충만하라, 땅을 정복하라, 바다의 물고기와 하늘의 새와 땅에 움직이는 모든 생물을 다스리라"하셨다(창 1:28). 그러므로 내가 성경의 내용을 믿는다면, 나는 천지를 창조하신 후 나를 창조하신 하나님이 말씀하신 하나님의 그 명령에 순종해야 한다.

　하나님께서 인간이 혼자 사는 것이 좋지 않다고 여겨 그에게서 돕는 배필을 지으셨다(2:18). 그런데 하나님께서 인류의 첫 사람,

아담을 에덴에 두고 아담에게 말씀하셨다. 첫 사람이 거처한 곳에는 아름답고 먹기 좋은 나무, 생명 나무와 선악을 알게 하는 나무도 있었다. 생물이 살기에 필요한 네 개의 강도 있었다. 하나님은 아담에게 동산의 모든 나무는 임의로 먹되, 선악을 알게 하는 나무의 열매는 먹지 말라 하시고, 먹으면 정녕 죽으리라 하셨다(창 2:9-17).

남자는 부모를 떠나 그의 아내와 합하여 둘이 한 몸을 이루었다(창 2:24).
하나님의 첫 명령은 인간에게 복을 주시고, 하신 명령에서 인간 존재의 목적을 알고 인간의 비전을 수행하기 위한 말씀을 주신 것이다. 그리고 금지 명령도 하셨다. 이때 두 사람은 벌거벗었으나 부끄러워하지 않는, 죄가 없는 상태였다.

그런데 선악과 사건으로 인간은 하나님께 원죄를 지어서 하나님과 분리되는 죽음을 맞이한다. 선악과 사건은 인간이 뱀(사단)의 거짓말에 속아 죄를 지은 사건이다. 인간이 죄를 지음에도 하나님께서는 인간을 구원하시는 원 복음을 주신다. 그것은, "뱀(사단)은 여자와 원수가 되게 하고 네 후손(뱀)은 여자의 후손과 원수가 되게 하리니 여자의 후손은 네(뱀)의 머리를 상하게 하고 너(뱀)는 그의 발꿈치를 상하게 할 것이다"라고 말씀하셨다(창 3:15). 여자의 후손과 뱀(사단)의 후손은 십자가 사건이 오기 전까지 싸우게 된다. 십자가에서 인간은 죄에서 구원받게 된다. 여자의 후손은 하나님께 믿음으로 예배드리는 예배 공동체, 예수 그리스도를 믿는 공동체, 성령이 임재하는 공동체이다.

여기서 인간은 배우자와 가정을 이루는데, 사단의 유혹이 있음을 늘 기억해야 한다. 이를 물리칠 방법은 예배, 말씀, 기도에 있다. 창조 원리에 따라 하나님 안에서 살아가야 한다. 창조 원리대로 살아도 욥기의 욥처럼 인간에게는 때론 고난이 찾아오고 있다. 그리하실지라도 즉 곤란 속에서도 하나님을 경외하도록 성경은 말씀한다. 고난은 인간의 죄와 부주의로 올 수도 있고, 고난 뒤에 하나님의 주권에서 올 수도 있고, 고난 뒤에 은혜의 섭리도 있음을 알려주신다.

사도 바울은 에베소서에서 남편과 아내의 관계를, "사람이 부모를 떠나 그의 아내와 합하여 그 둘이 한 육체가 될지니 이 비밀이 크도다. 나는 그리스도와 교회에 대하여 말하노라. 그러나 너희도 각각 자기의 아내 사랑하기를 자신같이 하고 아내도 남편을 존경하라"라고 말한다(엡 5:31-33). 이 말씀은 결혼식의 축사에 많이 인용되기도 한다. 하나님의 사람인 내가 예수 그리스도 안에서 예수 그리스도와 연합하여 믿음으로 영생을 얻게 된다. 부부는 하나님 안에서 믿음으로 그리스도와 교회의 관계처럼 살아가도록 말씀한다.

하나님이 사람을 창조하셨다. 사람의 존재 목적은 하나님께 있다. 가정도 하나님이 만드셨다. 가정의 존재도 하나님 안에 있다. 부부는 상호 대화하고 그리스도 안에서 사귐을 해야 한다. 한 가정이 인류의 원천이고, 지금도 한 가정, 한 가정이 세상을 구하고 이끌어 간다.

하나님을 믿는 믿음으로, 하나님으로 세상을 이기길 바라는 새벽이다. 세상을 이기는 교회가 되길 소망한다. 그 길에 내가, 내 가정이 하나님께 쓰임 받기를 기도하며 축복한다.

찬양을 드린다.

완전한 사랑(604)

1. 완전한사랑 하나님의사랑 다함이없는 사랑에겨워
   둘한몸되어 보람있게 살라손모아 주님앞에빕니다
2. 온전한생활 하게하옵소서 믿음과소망 사랑가지고
   아픔과죽음 겁을내지 않고주님만 의지하게하소서
3. 슬픔을이길 기쁨주시옵고 다툼을없앨 평화내리사
   사랑의아침 환희동터 오는행복한 나날되게하소서 아멘

감 이야기

 어린 시절, 감나무에 감꽃을 보기도 하였고 감을 따본 추억도 있다. 아버지께서 어머니와 결혼한 후에 사셨던 그곳에는 감나무가 있었다. 아버지께서 할아버지와 함께 사셨던 때, 농사를 하시면서 공부도 하셨다. 어린 나는 할아버지 집의 마당에서, 감나무와 감을 보았다.

 감꽃은 아름다웠고, 꽃을 보면 정겨운 느낌이 들었다. 감을 보면 감을 감싸고 있는 푸른 하늘이 보였다. 감을 딸 때가 되면, 감을 따는 장대를 만들어서 땄다. 요즘은 편리한 도구가 판매되기도 한다.
 감을 따는 어느 날에 감이 달린 가지를 꺾어서 집에 걸어둔 적이 있었다. 아버지 고향의 향기를 더 느끼고 맡고 싶어서였다.

 결혼 후에 나는 고향을 떠나 먼 지역에 살았다. 어느 날, 작은삼촌으로부터 연락이 왔다. 할아버지가 남겨 주신 감나무를 팔려고 하는데, 손자인 나에게까지 감나무 판 값의 몫이 있다는 것이다. 나는 할아버지를 생각했다.
 또한 순간 묘한 느낌이 들었고, 내 눈에 보인 어린 시절의 감나무를 쳐다보았다. 그리고 할아버지가 남겨 주신 감나무와 감들을 되새겼다. 감사했다. 할아버지는 아버지가 젊은 나이에 세상을 떠나셨다. 인생의 짐을 많이 지셨던 아버지는 젊은 날, 한의사가 되신 후에는 추억이 담긴 감나무가 있는 고향을 떠나셨다.

나는 감을 좋아한다. 곶감도 좋아한다. 처마 밑에 깎은 감을 걸어둔 풍경을 보면, 어쩐지 고향이 생각나고 삶의 피로를 풀어주는 향기를 느낀다.

사과와 포도, 배도 좋아한다. 감을 좋아하는 특별한 이유는 없다. 그냥 좋은 듯하다. 하나님께서 각종 열매를 우리에게 주심에 감사한다.

수정같이 맑은 생명수의 강을 내게 보이시니 하나님과 어린 양의 보좌로부터 나와서 그 강 가운데 흐르더라 강 좌우에 생명 나무가 있고 열두 가지 열매가 맺히는데, 그 나무 잎사귀는 만국을 치료하기 위함이다(계 22:1-2).

이 땅에서는 감나무에서 나오는 감을 맛보지만, 예수 그리스도의 하나님 나라에서는 생명 나무 열매로 영생을 누릴 것이다. 나는 예수님이 말씀하시고 예비해 두신 영생의 생명 나무 열매를 듣고 본다.

이 땅의 삶에서 말씀과 기도로 예배하며 하나님을 경외하는 자가 되기를 기도한다.

  이 땅에서 감을 주신 하나님 아버지께서 각종 열매를 먹게 하시고 치료하게 하시며, 생명 나무 열매를 먹게 하시고 거룩한 성에 참여하게 되리라 믿는다. 그 가는 길에 하나님 뜻에 합한 자로 살아갈 수 있도록 성령 충만하게 하기를 기도한다.

삶은 달걀

　새벽을 깨우며 일어나면 새벽 예배와 기도 길로 나간다. 새벽 기도 후 돌아오면, 아내는 언제나 달걀을 삶아 놓고, 요구르트와 함께 먹도록 일상을 준비해 둔다.
　기억이 가물가물하지만, 초등학교 시절 금정산 산성으로 소풍 가서 어머니께서 준비해 주신 삶은 달걀을 친구랑 즐겁게 먹었었다. 중학교 시절 속리산 수학 여행길에서 무궁화호 기차 안에서 친구들과 맛있게 나누어 먹었다.
　중학교부터 도시락을 싸서 점심을 학교에서 먹었던 시절이 있다. 어머니께서 도시락에 달걀부침을 넣어 두었을 때면 신이 났었다. 왜냐하면 달걀로 만드는 것이 비교적 특별히 준비해 주는 것이었기 때문이다.
　옛적에는 오랜만에 사위가 오면 씨암탉을 잡아 준다는 말이 있었다. 이는 병아리를 깔 수 있는 알을 없애는 것으로 최고의 대접을 해 주는 행위였다.

　현재 우리 사회는 어느 때부터 많은 양의 통닭과 삼계탕이 일상적인 간식, 음식이 될 정도로 세상의 기술은 발전했고 생산성도 좋아졌다. 많이 소요되는 달걀을 생산하고 포장하고 배송하는 시대이다. 다른 기술의 발전과 함께 양계의 기술도 발전했다. 닭은 새벽을 알리는 동물이었다. 지금은 자명종이 알려준다.

저는 요즘 평소 아침 식사로 삶은 달걀을 빵과 함께 먹기도 한다. 달걀은 영양식으로 세계 각지에서 이용된다. 우리는 달걀로 삶은 달걀, 계란말이, 달걀부침 등 다양한 요리를 하기도 하고, 다른 음식에 곁들여 넣어서 요리하기도 한다.

한편, 달걀이 부화되면 병아리가 된다. 병아리는 또 달걀을 낳고, 낳을 수 있다. 달걀은 그 달걀 자체로도 유용하지만, 병아리가 되고 닭이 되면 더 유용한다.

현재 우리의 삶은 이전에 비해 더 풍성해졌다. 앞으로의 삶에서도 하나님께서 더 풍성한 것을 준비해 두었을 것으로 생각한다.

광야에 메추라기로 하늘 양식을 내려 주셨다(시 105:40). 하나님께서는 우리가 구한 그것을 준비하시고 주신다. 반석에서 물이 나오게도 하신다. 이 새벽, 인생의 길에서 때를 따라 도우시는 하나님을 찬양한다.

말과 글

　사람들은 울면서 태어나고, 그리고 때가 되면 때에 따라 말하게 된다. 갓난아이는 자라면서 부모의 말을 따라 하게 되고, 때가 되면 글을 배우면서 글을 쓰게 된다.
　나는 내가 말을 어떻게 시작했는지 기억이 없다. 처음 글을 배운 기억도 희미하다. 초등학교에 들어가면서 책을 읽고 쓰게 된 듯하다. 어떤 사연에 따라 사람마다 말하는 그것과 글을 배우는 것이 늦을 수도, 빠를 수도 있다. 어느 환경에 따라도 다르다.
　우리의 옛 선비들은 주제에 따른 자신이 쓴 글의 평가로 인재가 등용되었다고 한다. 이는 사람의 글을 통하여 그 사람의 생각, 인품, 정신을 알 수 있는 측면이 있기 때문일 것이다.

　어릴 때, 집에서 식사할 때는 말없이 식사하도록 교육을 받았다. 말을 많이 하면 실수가 있으니 가능한 말수가 적도록 교육을 받았다. 반면에 글쓰기는 잘하도록 말씀하셨다.

　나는 국어보다는 수학을 더 좋아하고 잘하던 학생이었다. 조용히 있는 편이었고 말을 그렇게 잘하는 학생은 아니었다. 초등학교 선생님이 책을 많이 읽도록 가르치셨다.
　내가 책을 많이 읽었던 기억은 학창 시절이었다. 중학생 시절 집에 있었던 고전들을 읽고, 인생에 대해 생각을 하기도 했다. 근대 소설들도 읽어 보았다. 그 속에서 사람들의 삶에 대한 사연들을 일부 들었다. 대학 시절에 도서관에서 읽고 싶었던 책들이 많았다. 사랑이 무엇인지 모를 때, 사랑의 기술에 관한 책을 읽어 보았다. 전공 서적뿐 아니라 사회에서 처신하는 방법에 관한 책도 읽어 보았다. 대학 활동 동아리에서 토론하면서 설득력이 있게 말하는 방법에 대해 고민하기도 했다. 금성사에 입사하여 회사 생활을 하던 시절에는 일의 효율을 높이기 위한 책들을 읽어 보았다.

회사에서 일을 잘하는 방법, 보고하는 방법, 보고서 작성 방법을 배웠다. 말을 정확하고 설득력이 있게 하고, 이를 글로 요약하여 작성하는 그것은 업무능력에 속했다. 문제 해결과 갈등을 해결하는 방법에는 현상 파악, 문제 정리, 원인 분석, 전략과 전술 설정의 사고에서 나오는 말과 글의 힘이 있었다. 이런 점에 나는 부단히 노력했으나 늘 부족함을 느꼈다. 나는 지도와 강의를 하면서도 요점을 잘 표현하고 전하는 방법을 고민했었다.

세상에서는 사실적인 내용보다는 자신의 깊은 내면에 스스로 화를 참지 못하고 막말을 하는 사람들이 있다. 모세의 백성 중에 원망하고 불평하며 화를 낸 자들은 광야에서 모두 죽었다. 이 시대에도 어떤 사람들은 말과 글로 상처를 받기도 하고 주기도 한다. 공공의 장소에서 자신의 감정을 드러내는 사람도 있다. 자신의 잘못을 감추기 위하여 거짓말을 하는 경우도 많다. 이는 상처의 흔적과 인격과 관련이 된다고 한다. 악함이 숨은 말은 화 있을 것이다.

"이를 어떻게 치유할까?"라고 묻는다면, 스스로 자신의 죄와 잘못을 볼 수 있어야 한다. 그러지 못하는 인간은 죄로 인해 두려움을 느끼고, 방어하기 위해 상대에게 거짓말을 한다고 한다.
  막말을 하는 사람, 공공의 장소에서 망언하는 사람은 지난날의 상처에 따른 내적 결핍이 있다고 할 수 있다. 진실을 숨기고 거짓으로 자신을 높이려고 하는 마음이 있다. 그러나 광야에서 모세는 자신에게 화를 낸 사람들을 포용한 사람이다.

  최근에 선생님이 아이를 죽이는 사건이 있었다. 이 사건을 어떻게 보아야 할까? 카톡방에서 실제로 없는 내용을 글로 적어서 상대의 인격을 모독하고 명예를 훼손하고 오히려 큰소리치는 예도 있다. 질투심이 강한 사람들이 하는 경유이다. 며칠 전에 나는 공식적인 방에서 어떤 이의 모욕적인 글로 인해 심한 아픔을 겪었다. 공동체를 위하여 참고 기도했다. 요셉처럼 참고 품어내는 것은 쉬운 일이 아닐 것이다.

  마음을 지키고 다스리라고 한다. 마음이 말로 나타나고 글로 적힌다. 주님 앞에 비추어 마음의 평안과 안식이 있기를 기도한다.
  유익한 말과 글을 쓰는 것은 마음에 있다. 자기 마음을 다스려야 하고, 그 마음은 말하게 하고 글을 쓰게 한다.

어느 하나님 사람의 기도원 사역

목사 안수받은 지 얼마 되지 않는 목사님을, 우연히 어느 결혼식에서 만나게 되었다.

"어떻게 지내시는지요?"라는 인사말을 꺼내니, "말씀이 고파서" 기도원 아르바이트를 그만두었다는 것이다. "말씀이 고파서"라는 음성을 들으니. 저는 "사람은 떡으로만 사는 것이 아니다"라는 말씀이 떠올랐다. 그 순간에 목사님께 찬양의 은사가 있음을 이전에 들었던 기억이 났다. 짧은 대화를 나누면서, 10월 14일 정기노회가 있으니, 그때 찬양 특송을 해 주시길 권했다. 목사님은 흔쾌히 승낙했다.

정기노회 며칠 전 문자가 왔다. "목사님, 기도원에 정규직이 되었습니다. 일정상 특송을 못할 것 같습니다. 죄송합니다."라는 내용이었다. 바로 전화를 드리고, 축하를 전했다.

이 대화를 한 후에, 평소에 잠깐잠깐 떠오르면서 목사의 사명과 역할에 대해 또 묵상하게 되었다. 마침, 금주 월요일에 소속한 21세기 기독교 부흥단체 성회에서 귀하신 목사님의 말씀을 들을 수 있었다. "선지자 노릇, 선교사 노릇, 목사 노릇을 하고 있지 말라" 하셨다.

"예수님이 내 안에 있고, 내가 예수님 안에 있는 것"을 점검해 보라는 말씀이다.

세상 살면서 얼마나 어려움이 있었는지? 하나님의 부르심에 순종하며 응하였지만, 삶의 현실은 고통과 어려움이 있다.

요즘 교회 설립은 어렵고, 부 교역자로 섬기기도 쉽지 않다. 그 목사님은 아마도 기도원에 올라 간절히 기도하며 말씀을 먹었을 것이다. 그 간절함에 하나님께서 기도원을 사역하도록 허락하신 듯하여 감사 기도를 하게 되었다.

최근 허물 많은 한국 교회를 볼 때, 목사가 된다는 것, 목사로 살아내는 것, 하나님 나라 사역하는 것, 전혀 쉽지 않음을 절실히 느낀다. 십자가 사랑, 그 십자가 남은 구역을 묵묵히 순종하며 해내는 것, 크신 은혜이다. 사회복지사보다 더 쉽게 목사가 되는 시대에, 목사들의 죄와 허물을 알고 계시는 주님, 오늘 새벽에 주님을 만나길 기도한다.

이 작은 심장에 성령의 충만함으로 주님이 인정하는 참 목사, 하나님 진리의 말씀을 바르게 전하고, 허락하신 교회를 섬기며, 하나님의 사람으로서 이웃 사랑을 실천하며, 감사하는 하루하루를 살아내는 성도, 목사가 되길 간절히 기도한다.

수모와 고난에 대하여

살면서 수모를 당한 경험이 있는지요? 알 수 없는 고난을 경험했는지? 크기의 차이는 있을지라도 다 있으리라. 세상에서는 앞으로도 있을 것이다. 세상이 그러한 요소가 아직 있기 때문이다. 세상은 힘으로 세상을 지배하려고 공동체가 있다. 인류 최초의 살인은 분하여 참지 못하여 죄를 다스리지 못해서 일어났다(창 4:7). 가인 공동체의 라멕은 자기 상처와 상함으로 인하여 폭력을 사용하여 살인하고 세상을 지배하려고 했다(창 4:23).

이 죄짓는 세상, 폭력과 악이 존재하는 세상에서 어떻게 살아가야 하는가? 모세, 예수님, 사도바울은 죄 된 세상의 수모와 고난을 어떻게 참고 이겼을까? 다윗도 사울 왕의 분노와 위협을 어떻게 참고 이겼을까? 이런 생각을 해 보는 아침이다.

모세는, "믿음으로 애굽을 떠나 왕의 노함을 무서워하지 아니하고 곧 보이지 아니하는 자를 보는 것같이 하여 참았으며"라고 기록되었다(히 11:27). 보이는 것을 무서워하지 않고, 그리스도를 위하여 받는 수모로 상주심을 믿었다.

예수님은 비유로 말씀하시고 피하셨다. 예수님은 말씀하시기를, 배척하는 자에게 존경받지 않고 믿지 않았기에 많은 능력을 행하지 않으셨다(마 13:57-58). 인자가 많은 고난을 받고 장로들과 대제사장들과 서기관들에게 버린 바 되어 죽임을 당하고 사흘 만에 살아나리라 말씀했다(막 8:31). 예수님은 고난받으나 다시 살아나심을 아셨다.

사도바울은 고난을 받았을 때, 대적자를 두려워하지 않고 그들은 멸망의 증거이고 너희에게는 구원의 증거로 알고, 이는 하나님께로 남을 알도록 말했다. 그리고 교회의 너희에게도 그와 같은 싸움이 있다고 했다(빌 1:28-30). 사도바울도 많은 대적자가 있었고, 수모와 죽을 고비와 고난들을 겪었다.

사울이 여인들의 노래인 "사울이 죽인 자는 천천이요 다윗은 만만이로다"하니, 이를 사울이 불쾌히 여겨 다윗을 죽이려 한다(삼상 18:7-10). 사울의 화냄과 시기와 질투였다. 이때부터 다윗은 고난을 받는다. 고난을 받았던 다윗은 하나님께 기도했다. 그런 과정에서 다윗은 고난을 이기고 하나님의 마음에 합한 왕이 되었다.

죄 된 세상을 구원하시고자 하나님께서 하나님의 사람을 부르신다. 때로는 그 하나님의 사람에게 수모와 고난이 있게 한다. 연단을 통해 강한 하나님의 사람으로 만드시고, 그를 통해 하나님 경외하는 공동체를 이루어가신다.

혹 부지중에 수모와 고난을 겪었다면, 말씀을 읽고 기도하라. 세상의 고난과 수모의 해결은 성령의 인도하심을 받는 말씀과 기도에 있다.

잃어버린 소 이야기

　초등학교 시절의 방학 때는, 아버지의 고향 집이 있는 시골에 자주 간 적이 있었다. 어느 방학 때는 아버지의 고향 집 위에 큰할아버지 집에 갔었다. 그곳 마당에서 놀다가 그 집에 살고 있었던 육촌 동생과 함께 소를 몰고 산에 놀러 갔다. 그 시절 시골에서는 소를 산에 데리고 가서 풀을 먹이기도 했다. 시골에 머무는 방학 기간에 소에게 풀을 먹이고, 육촌 동생과 나는 산과 개울에서 놀기도 했다. 그런데 산에서 놀다 보니 소가 없어졌음을 알았다. 우리는 그날 초저녁 늦은 시간까지 애타게 소를 찾았던 기억이 있다.

　초등학교 시절 들고 다녔던 가방 안, 필통에 들어있었던 연필이 가끔 잃어버린 기억이 있다. "어디 갔을까?, 어디서 언제 잃어버렸을까?"라고 혼자 생각했었다.

　중학교 시절, 어느 산사의 벽화에 그려진 그림을 보고 놀랐다. 벽화의 내용은 한 아이가 잃어버린 소를 찾아 나서는 내용이었다, 그런데 그 소년이 찾아 데리고 오는 그림에서 소의 색깔은 달랐다. 그 그림이 의미하는 내용이 그 시절에 궁금했다. 그런데 "잃어버린 소"가 오늘날에도 있다. 잃어버린 소는 본질적인 자아를 잃어버린 것으로 해석하기도 한다.

공장에서 "물건 만들기"에 있어서 또는 "어떤 작업을 하기" 위해서는, 도구가 필요하고 작업 방법의 과정이 있어야 하고, 그 작업을 하는 작업자의 숙련이 필요하다. 움직이지 않는 물건은 어느 정해진 위치에 두면 되지만, 움직이는 물체를 관리하기 위해서는 작업 반경 안에 있도록 관리해야 한다.

초대 이스라엘 왕인 사울이 암나귀를 찾는 이야기가 있다(삼상 9:3). 암나귀를 찾지 못할 때 사환이 하나님의 사람을 찾아가도록 사울에게 말하고, 예물도 드리는데 사울은 사환의 말대로 행한다(삼상 9:5-10). 선견자인 사무엘을 만났을 때, "사흘 전에 잃은 암나귀를 염려하지 말라 찾았느니라"라고 사울에게 말한다(삼상 9:20). 이때의 사울은 겸손했다. 사무엘은 사울에게 기름을 붓는다(삼상 10:1). 그런데 그 이후에 사울은 자신을 잃어버리고 번제를 드리는 행위, 즉 망령되이 행한다(삼상 13:13). 그는 진멸해야 할 것을 진멸하지 않았고(삼상 15:9). 하나님께서는 사울을 왕으로 세운 것을 후회하셨다(삼상 15:11).

이는 하나님의 명령, 말씀을 따르지 않고 자기 소견대로 행한 결과였다. 사울은 여인들의 노래, "사울이 죽인 자는 천천이요 다윗은 만만이로다"하니, 이를 사울이 불쾌히 여겨 다윗을 죽이려 한다(삼상 18:7-10). 이때부터 다윗은 고난을 받는다. 사울의 질투로 고난을 받았던 다윗은 하나님의 사람으로 하나님의 마음에 합한 왕이 된다.

또 하나님의 사람인, 고난을 받았던 바울은 고난 가운데도 성령의 인도하심으로 하나님 나라를 전하며, 푯대를 향했다.

어떤 사람은 버럭 화를 내기도 하며, 공공의 공간에서 인격 모독적인 글을 적기도 한다. 그런 사람으로 인하여 어떤 사람은 상처받기도 하고 고난을 받기도 하며 무언가 잃어버리기도 했다. 심한 모욕을 받을 때, 어떻게 하는 것이 바람직할까?
스데반은 자신을 내어드리고, 하늘 향해 기도하고 고난 감수했다.

"너는 마음을 다하여 여호와를 신뢰하고 네 명철을 의지하지 말라 스스로 지혜롭다 여기지 말고 여호와를 경외하며 악에서 떠나라."라는 말씀을 듣는다(잠 3:6-7).

심한 모욕을 당한 날 또는 고난 속에서도, 자신을 돌아볼 수 있는 날이 되길 바라며, 나는 하나님의 뜻에 합한 자로 하나님의 길을 걸어가길 성령의 인도함으로 기도한다.

어느 토요일 아침

지난 한 주간 참으로 추웠고 눈도 많이 왔었다. 오늘은 따스한 빛이 비추는 햇볕을 느껴본다.

토요일 새벽기도 하며 찬양을 듣는다. 성경 말씀, 특별히 시편을 읽으며, 이스라엘의 탄식, 기도와 감사와 찬양을 듣는다. 몇 편의 시편들을 새겨본다. 하나님을 경외함이 복됨이다.

아내는 고구마를 삶아 준다. 커피 한 잔과 함께 먹는다. 새벽에, 위로를 받는다. 한 잔 커피와 고구마로 내 속이 위로를 받고 일상에 감사함을 느낀다.

오늘은, 아내는 전에 섬겼던 교회의 제자 사역 훈련을 함께했던 자매들과 모임이 있다고 한다. 참으로 오랜만에 만나니 얼마나 반갑겠는가? 문득 연초에 나온 시집, "새벽에 핀 장미꽃"과 "기도로 푯대를 향하여"라는 기도 책을 선물로 전해주고 싶어서, 준비하여 주었다.

아내는 장모님을 모시고 있어서 외출이 자유롭지 못하다. 오늘은 특별히 아내의 외출 시간 동안에 도움을 주실 요양보호사가 오신다.

토요일, 오늘 나는 무엇을 하는가?

말씀과 기도로 보내고자 한다. 어떤 말씀과 어떤 기도인가? "하나님으로 세상을 이기는 교회"는 25년 섬기는 교회의 표어이다. 요한일서 5장 4절을 본문으로 한다. 하나님의 말씀을 믿고 하나님을 경외함으로 세상을 이기도록 기도한다. 예수 그리스도가 하나님의 아들임을 믿는 자가 이긴다. 하나님, 예수 그리스도께서는 이미 이기셨다. 진리인 예수 그리스도에게 순종하면 세상을 이긴다.

세상은 아름답기도 하고, 부패하기도 하며, 헛되기도 하다. 이 세상에 누구와 사귐을 가져야 하는가는 참으로 중요하다.

여호와의 법을 주야로 묵상하는 자, 여호와를 의지하는 자가 복되다고 기록되어 있다. 시편의 결론 부분에는 하나님 나라가 실현되도록 할렐루야로 찬양한다.

오늘 토요일, 아내는 믿음의 자매들을 만나서 그리스도 안에서 귀한 사귐의 시간을 가지고 오길 기도한다. 인생의 길에서 믿음의 동역자가 있다는 것은 하나님께서 하나님의 사역을 함에 위로를 주기도 함이고, 하나님께서 함께하심을 느끼고 기도하도록 하기 위함이다. 오랜만에 여유의 시간을 가지는 아내의 외출에 귀한 사귐이 있길 바란다. 귀한 만남 자체로 기쁨이 넘치길 바란다.

바울은 그의 서신서에서 어려움을 당할 때 도움을 준 동역자들을 언급하고 있으며, 바울 서신들에는 바울이 기억하는 성도들을 기록하고 있다. 누군가에게는 감사로 기억되고, 누군가에는 스승으로, 선한 동역자로 기억되길 바라는 토요일 아침이다.

야베스의 기도

야베스가 이스라엘 하나님께 아뢰어 이르되 주께서 내게 복을 주시려거든 나의 지역을 넓히시고 주의 손으로 나를 도우사 나로 환난을 벗어나 내게 근심이 없게 하옵소서 하였더니 하나님이 그가 구하는 것을 허락하셨더라(대상4:10)

주기도문

11:2 예수께서 이르시되 너희는 기도할 때에 이렇게 하라 아버지여 이름이 거룩히 여김을 받으시오며 나라가 임하시오며
11:3 우리에게 날마다 일용할 양식을 주시옵고
11:4 우리가 우리에게 죄 지은 모든 사람을 용서하오니 우리 죄도 사하여 주시옵고 우리를 시험에 들게 하지 마시옵소서 하라(눅 11:2-4)

02
믿음에 관한 글

창조에 관한 믿음에 대하여

밤하늘의 별을 보며, "별은 어디서 왔는지?"를 묻기도 했다. "인생은 어디 와서 어디로 가며, 무엇을 믿고 무엇을 위하여 사는지?" 스스로에게 삶과 창조에 관해 질문했다.

성경 창세기 첫 장의 시작은, "태초에 하나님이 천지를 창조하시니라"라고 말씀하신다(창 1:1). 이 말씀, "믿느냐? 믿지 않느냐?"는 중요한 전제이다. 창조와 기원에 관한 것으로, 삶에 대한 믿음의 기준이 될 것이라 여긴다.

명절이 되면, 친척들이 모인 자리에서, "**는 다리 밑에서 주워 왔다"라고 한 말을 들었다. 나를 보면서 어른들은 몇 차례 놀리듯 말씀하셨다. 그때 그 순간 잠시 그런가라는 생각도 하였지만, 아버지와 어머니가 나에게 주시는 사랑을 느끼며, 내가 주워 온 자식이 아님을 금방 알 수 있게 되었다.

하나님께서 천지 창조하심을 증명할 방법이 있는가?

대학교에서 공학을 전공했고, 다른 과목에 비교하여 수학은 조금 잘하는 편이었다. 내가 수학 문제 푸는 방법을 아버지에게 배웠다.

아버지는 한의사셨다. 중학교 때 어느 날, 시험에서 틀린 수학 문제를 푸는 방법을 아버지께 여쭈어 보였다. 아버지는 문제 푸는 방법은 가르쳐 주시지 않고, "한 번 틀린 문제는 알고 다시는 틀리지 않도록 해라"라는 말씀만 하셨다. 중학생 그때 안 것은, 주어진 수학 문제는 푸는 절차가 있고, 그 절차를 알고 수학 문제는 절차대로 풀면 되는 것이었다.

공학 공부하면서, 자연과학과 공학적 문제는 수학의 수식으로 표현할 수 있고, 수학은 언어로 알게 된 시점이 있었다.

공학은 설계하고 실험하면서 증명해야 하기도 한다. 더 나아가면, 문제의 정의와 문제의 조건에 따라 실험의 결과는 달라진다.

우주와 지구에 대하여 '오랜 지구론'과 '젊은 지구론'이 있다. 오래된 지구론은 빅뱅 이론을 근거로 하여서 수용하기 어렵다. 개혁주의 창조론은 6일 창조를 주류로 한다. 여러 학설이 있고, 중간을 보는 경향도 있다.

인간은 아직도 우주가 어느 정도 규모인지 모른다. 증명하고자 하는 문제의 정의와 조건을 모르고 있다고 할 수 있다. 그러하지만 실험실에서 또는 자연현상에서 가설을 전제로 이론을 만들어서 주장한다.

중학교 시절, "나는 어디서 와서 이곳에 있는가?"라는 화두를 가지고 여름방학에 산사에서 깊이 공부하고 묵상한 적이 있다. 그 때 "모르겠다"라고 잠정 결론을 내리고 하산했다. 허전한 마음만

남았다. 그 시절에 인간은 자기 자신에 대해서도 스스로 알아 깨닫기에 한계가 있는 존재로 여겼다.

오랜 시간이 지나고, 세상에서 일하고 있었던 어느 때였다. 나를 부르신 하나님께서는, "태초에 하나님이 천지를 창조하시니라"라는 말씀을 어느 때 순간 믿어지도록 하셨다. 이 말씀은 증명되는 것이 아니라 말씀 선포의 믿음에 있다. 부모님이 나를 낳으심을 내가 보지 못했지만 내가 믿어지는 것처럼 믿었다. 천지 창조는 명확히 증명될 수 없다. 우리는 창조의 이면에 있는 그 원재료 존재 원천도 알 수 없고, 창조 원리를 수학으로 풀 수도, 알 수도 없다. 성경이 창조했다는 말씀을 믿어야 한다. 우리 인간은 하나님이 보여주시는 것까지만 알고, 그 말씀 안에서 살아가야 하는 존재이다.

이 말씀이 믿어져야 그 뒤에 전개되는 성경의 말씀, 이야기들과 믿어지게 되는 것이다. 이 말씀이 믿는 믿음으로 하나님이 주신 말씀에서 깨우치는 지혜 얻기를 기도한다.

향유를 부은 한 여인의 믿음

한 사람이 중요하다. 한 사람의 믿음이 중요하다. 왜냐하면 한 사람으로부터 세상을 이기고, 세상을 이끌어 가기 때문이다. 어느 한 여인의 믿음이 궁금하다.

한 여인이 예수님의 발에 향유를 부었다. 왜 그리했을까? 스스로 질문하는 새벽이다.

그 여인은 어떤 사람인가? 그 동네에 죄를 지은 여인이다. 그녀는 자신의 죄를 알고 있었다. 그녀는 예수님의 "빚진 자의 비유"에서 알 수 있듯이 큰 빚을 탕감 받았음을 알 수 있다(마 18:27, 눅 7:42). 그녀는 예수님을 만나서 맞이할 때, 예수님으로부터 받은, "자기 죄에서 구원받은 은혜"를 알고 행동하고 있음을 알 수 있다.

예수님의 뒤로 그 발 곁에 서서 울며 눈물로 그 발을 적시고 자기 머리털로 닦고 그 발에 입 맞추고 향유를 부었다(마 26:7, 막 14:3, 눅 7:38).

예수님께서는 여자에게 "네 죄 사함을 받았느니라"하셨다(눅 7:48). 이어서 예수님께서는 그녀의 죄 사함의 구원에 대하여 "네 믿음이 너를 구원하였으니 평안히 가라"라고 하셨다(눅 7:49). 그녀의 죄는 예수님으로 인하여 사함을 받았다.

예수님의 발에 옥합을 부은 한 여인은, 그녀의 믿음으로 죄 사함을 받았고, 구원을 얻었다.

향유를 부은 한 여인의 믿음은 죄에서 구원을 받을 믿음이다.

인간의 죄는 원죄와 스스로 짓는 범죄가 있다. 죄는 죗값을 치러야 죄 없음이 이루어진다. 그 죗값은 스스로 치르거나, 대신하여 속죄하는 방법이 있다. 죄를 전가한 인간을 구원하는 제사 제도가 있었다. 구약에서 사람이 지은 죄를 양이나 염소 등 짐승이 대신 졌다. 즉 제사장이 대속하는 제물에 안수하여 인간의 죄를 전가하였다. 인간의 죄를 전가받은 제물은 인간을 대신하여 죽었다.

대표적 제물이 양과 염소가 있다. 유월절 양이 있다. 그리고 아사셀 염소가 있다. 아사셀에 관해서는 레위기에서 알 수 있는데, 두 염소를 위하여 제비를 뽑되 한 제비는 여호와를 위하고, 한 제비는 아사셀을 위해서라고 말씀한다(레 16:8). 아사셀을 위하여 제비 뽑은 염소는 산 채로 여호와 앞에 두었다가 그것으로 속죄하고 아사셀을 위하여 광야에 보낼지니라(레 16:10). 이스라엘의 죄를 지고 광야로 보내지는 아사셀 염소는 그리스도를 예표 한다. 인간의 죄는 완전하신 인간이시며 완전하신 하나님만이 대신 지실 수 있다.

예수님은 우리의 죄를 십자가에서 대신 지셨고, 인간의 죄를 속량하셨다. 예수님은 흠이 없으시고 죄가 없으신 어린 양이시다.

옥합을 부은 여인은 그 진리를 깨닫고 십자가에서 죄를 대신 지심을 믿는 믿음으로, 예수님의 죽음을 위하여 옥합을 예수님의 발에 붓고 씻고, 머리털로 닦았다.

예수님께서 이 여자가 한 믿음의 행동을 온 천하에 복음이 전파되는 곳에서 믿음의 여인이 행한 일도 기억하라고 하셨다(마 26:13).

유월절과 무교절 전에 일어난 사건이다. 이 사건이 일어날 때, 어떤 사람이 화를 내며 "어찌하여 이 향유를 허비하느냐"라고 했다(막 14:1-4). 향유를 삼백 데나리온 이상에 팔아서 가난한 자에게 줄 수 있었겠다고 그 여자를 책망했다(막 14:5).

그때, 예수님께서, "가난한 자는 항상 너희와 함께 있으니 아무 때도 원하는 대로 도울 수 있으나 나는 너희와 항상 함께 있지 아니하리라 그는 힘을 다하여 내 몸에 향유를 부어 내 장례를 미리 준비하였다. 복음에 전파되는 곳에 그를 기억하리라"라 하셨다(막 14:7-9).

이 여인은 예수님을 알았고, 예수님의 때를 알았고, 자신에 대해서도 알았다. 여인의 믿음은 예수님을 알고, 깨닫고 행하는 믿음이 있다. 그녀는 자신의 귀한 옥합을 예수님께 드리고 행했다.

이 믿음으로 예수 그리스도 안에서 연합된 자기 백성, 자녀들이 구원을 받는다. 예수 그리스도에 관하여 듣고 알고, 그 결과로 예수 그리스도 알게 되므로 예수 그리스도와 연합으로 영생을 얻는다.

예수님에 관한 믿음을 가진 한 여인의 믿음을 묵상하는 새벽에 이 믿음이 있기를 기도하며, 간구하며 감사드린다.

찬양을 드린다.

값비싼 향유를 주께 드린(211)

1. 값비싼향유를 주께드린 막달라마리아 본받아서
   향기론산제물 주님께바치리 사랑의주 내주님께
2. 연약한자에게 힘을주고 어두운세상에 빛을비춰
   성실과인내로 내형제이끌리 사랑의주 내주님께
3. 두려운마음에 소망주고 슬픔에싸인자 위로하며
   길잃은자들을 친절히이끌리 사랑의주 내주님께
4. 인생의황혼이 깃들어서 이땅의수고가 끝날때에
   주님을섬기다 평안히가리라 사랑의주 내주님께
   아멘

"이기는 자 되어라"는 말씀을 믿음

삶은 공동체, 사회 속에서 함께 살면서도 경쟁한다.
초등학교 운동회 때 달리기를 해서 1등을 하면, 상을 탔다.
중학교 때 공부를 잘해 성적이 우수하면, 우등상을 탔다.
성경은 이기는 자가 되라고 한다. 무엇을 이기라는 것일까? 그리고 이기는 자에게 주는 것들은 무엇인가?
요한계시록의 일곱 교회에 각각 주시겠다는 것들을 알아보자.
에베소 교회의 이기는 자에게, 하나님의 낙원에 있는 생명 나무의 과실을 주어, 먹게 하신다(계 2:7). 생명나무는 아담과 하와의 범죄 이후 하나님의 임재에 분리되어 에덴에서 추방됨으로 상실한 영생을 이기는 자에게 주는 것이다. 생명나무의 열매를 맛보는 것은 이미 십자가의 승리로 가능하게 되었고, 미래에 낙원에서 복을 받는다. 십자가의 승리를 믿음으로, 십자가 사랑을 이웃에게 행함으로 이긴다.
서머나 교회의 이기는 자에게는 둘째 사망의 해 받지 않는다(2:11). 둘째 사망은 최후 심판의 때에 회개하지 않은 죄인들이 받는 형벌이다(20:14; 21:8; 마 10:28). 죽도록 충성하며 그리하면 생명의 관을 얻는다.
버가모 교회의 이기는 자에게는 만나와 흰 돌을 주신다(2:17). 만나는 우상 제물과 대조되는 하나님이 주시는 말씀이다. "니골라의 이단, 거짓 선지자, 우상, 행음을 멀리하라"는 말씀이다. 흰 돌은 재판관이 무죄를 선언할 때 사용했고, 공적인 잔치에 참여할 수 있는 초대장이다.

두아디라 교회의 이기는 자에게는 만국 통치 권세, 새벽별 주신다(2:28). "자칭 선지자 여자 이세벨, 우상, 행음을 멀리하라"라고 하셨다. 하나님의 아들 곧 왕이신 예수님은 이기는 자에게 만국을 다스리는 권세를 주실 것이다. 세상의 관점과 다른 권세를 누린다. 새벽별은 헬라 로마인에게는 승리를 의미한다.

사데 교회의 이기는 자에게는 흰옷을 입을 것이요 생명책에 이름 기록될 것이다(3:5). "긴장하여 신앙의 순결을 지켜라"라고 말씀하셨다. 옷은 기독교인들이 갖추어야 할 신앙의 순결을 상징한다(슥 3:3-5). 영적 전쟁에서 이긴 자의 이름이 생명책에 남게 된다.

빌라델비아 교회의 이기는 자에게는 성전 기둥과 이름을 새긴다(3:12). 작은 능력으로 순종하며 믿음을 지켜라. 승리자는 이교 신전 기둥이 아니라 성전의 기둥이 될 것이다. 하나님이 인정하시고, 성령이 도장을 찍으신다. 묵시적 그림 언어이다. 흔들림 없고 신앙의 절개를 지켰다.

라오디게아 교회의 이기는 자에게는 보좌에 앉는다(3:21). 신실한 자는 예수님과 함께 종말의 하나님 나라를 다스리는 특권을 받게 될 것이다. 예수 그리스도와 관계 회복으로 치유된다.

이기는 자는 진리 안에 사랑을 가진 믿음의 성도이다. 이기는 방법을 알고 이기는 자에게는 하늘의 상급이 있다.

하나님으로 이기는 자 되길 기도한다.

"믿음 사용 설명서"를 다시 보며

  삶은 공동체, 사회 속에서 함께 살면서도 경쟁한다.
  오늘은 몸과 마음이 흔들리며, 더욱더 믿음에 대하여 깊이 생각하게 된다.

  2010년도 충정교회 옥성석 목사님이 기술한, "믿음 사용 설명서"라는 책을 오늘 다시 펼쳐본다. 이 책은 15년 전에 나에게 믿음이 무엇인지 알려준 책이다. 히브리서 11장, 믿음 장에서 나오는 믿음의 선진들이 살아낸 삶을 통해 가슴에 느껴지는 믿음을 설명하고 있다. 이 저서 내용을 다시 보고, 인용하면서 믿음을 알아본다.

  "믿음 사용 설명서"의 첫 장과 마지막 장을 들어서 믿음을 점검해 본다.
  믿음은 바라는 것의 실상이다(히 11:4). 이 믿음은 의인의 믿음이다(히 10:38). 의인은 예수 그리스도로 말미암아 죄 씻음을 받고 하나님의 자녀를 칭한다. 하나님 자녀는 명사형의 믿음이 아니라 동사형의 믿음으로 인하여 역사와 기적이 일어나도록 해야 한다. 예수를 믿는 믿음이 이기는 자가 되게 한다.

아벨과 가인의 이야기에서 아벨은 가인보다 더 나은 제사를 하나님께 드림으로 의로운 자라고 한다. 아벨은 하나님이 필요로 하는 것, 양을 키워 하나님께 기쁨이 되도록 집중했다. "믿음 사용 설명서"에서 "믿음은 한 분, 하나님께 집중하는 것"이라고 해석하고 강조한다. 의인 아벨은 하나님께 기쁨이 되었지만, 자신의 감정, 죄를 다스리지 못한 육신의 형으로부터 살해되었다. 그 후에 하나님께서는 새로운 하나님 자녀, 셋을 통하여 하나님의 공동체를 이루어 가신다.

믿음 설명서의 마지막 장에는 사도바울의 믿음이다. "돌로 치는 것"은 스데반 사건을 상기한 것이다(히 11:37). 바울이 스데반을 쳐 죽여도 좋다고 한 사건일 것이다(행 7:58). 그러므로 바울은 그의 삶에서 스데반 사건을 기억하고, 특별히 다메섹 도상의 사건을 기억할 것이다. 그는 다메섹에서 예수 그리스도 하나님을 만난 사건을 간증하기도 했다(행 22:2-11, 26:12-18).

믿음 사용 설명서에는 히브리서 저자가 꼽은 믿음의 선진 외에도 성경은 믿음의 사람들을 기술하고 있다.

믿음 사용 설명서의 믿음의 거울을 통해 나를 본다. 나는 무엇을 향하여, 어떤 사명과 기억으로 세상을 살아가고 있는가?
말씀에 기록된 믿음의 사람들과 같이 살아가길 소망한다. 몇 믿음의 사람들을 알아보고, 그 믿음을 닮아가고자 한다.

목회에서 믿음이란

목회, 작은 목회를 아시나요?
현시대, 목회하기는 참으로 어렵다. 앞으로 더 어려워질 것이라고 한다. 전도가 힘들고, 교회 운영이 쉽지 않다. 개척하였으나 교회 부흥이 안 돼서 문을 닫는 경우가 아주 많다.
목회에서 믿음이 무엇인가를 아는 것은 중요하다.

예수님은 제자들을 불러서 가르치고 선포하시고 치유하셨다. 사도바울은 선교 여행을 하면서 하나님 나라와 복음을 전했다. 공통점은 말씀으로 믿음을 심어주고, 성도들이 자라나도록 하라고 가르쳤다.

"어떻게 가르치며 목회를 할 것인가?"라는 질문에 대하여 보자. 예수님은 비유로 가르쳤다. 병을 고치고 귀신을 쫓아내셨다. 하나님 아버지가 보내신 능력으로 사역했다.

사도바울은 예수 그리스도를 만나고 깨우치고 변화되었다. 믿음을 가진 그는 자신의 모든 것을 믿음으로 걸었다. 보고 겪은 믿음으로 사역하였다. 믿음이 사역의 핵심 동력이다. 하나님의 보내신 능력을 믿어야 한다. 하나님 나라를 알아야 한다. 어떻게 믿음의 사람이 되었는지를 알고 실행해야 한다.

하나님의 자녀, 주의 종은 현재 어떤 믿음에 있는지 점검해 보아야 한다. 바울은, "너희가 믿음 안에 있는가? 너희 자신을 시험하고 확증하라 예수 그리스도께서 너희 안에 계신 줄을 너희가 스스로 알지 못하느냐 그렇지 않으면 너희는 버림받은 자니라"라고 말씀한다(고후 13:5).

영적대각성운동본부총재 이기웅 목사 강의 말씀을 하기에서 인용 참고하여 기술한다.

믿음의 종류가 있는가? 믿음이 한 종류라면 잘 믿고 못 믿고도 없고, 상급도 같으며 똑같은 영광을 받고, 주님이 계시는 보좌에 다 들어가게 될 것이다. 주님이 다시 오실 때 믿음을 보시겠다고 하신다(눅 18:8).

교회의 운영은 예수 그리스도 안에 믿음의 성도가 운영하는 것이다. 한 사람이 천을 쫓을 수 있고(수 23:10), 옥합을 드릴 수 있고(마 26:6-13), 마게도냐 성도들처럼 극심한 가난에도 풍성한 연보를 하게 된다(고후 8:1-4). 예물을 드리는 사환 같은 성도(삼상 9:5-10), 자색 옷감 장사로 하나님을 섬기는 루디아(행 16:11-15), 선교를 위하여 자신을 내놓은 브리스길라와 아굴라(롬 16:3-4)와 같은 믿음의 성도가 되도록 해야 한다.

행함이 없는 죽은 믿음은 말씀에 확신이 없고 하나님 나라에 대해 확신이 없다. 행함이 없는 성도는 입으로만 "주여, 주여"라고 하는 성도(마 7:22), 교회 문만 밟는 자(사 1:22)이고, 주님께 거짓말하는 자(행 5:1-11)이다. 행함에 대하여, 주님은 각 사람에게 그가 행한 대로 갚아 주신다(계 22:12). 그 손이 행한 대로 자기가 받는다(잠 12:14).

믿음이 죽은 자는, "골짜기 가운데 뼈가 가득하더라"와 같고(겔 37:1), "네가 살았다 하는 이름은 가졌으나 죽은 자로다"와 같이 죽은 자이다(계 3:1). 깨닫지 못하는 백성은 패망한다(호 4:14). 듣기는 들어도 깨닫지 못하고(사 6:9), 악을 행하면서도 깨닫지 못하고(전 5:1), 자기의 허물을 깨닫지 못한다(시 19:12).

적은 믿음은 통장에 돈이 많아도 십일조, 감사를 할 줄 모른다. 무엇을 먹을까 입을까 염려하고(마 6:30-31), 주님께 인색하다. 죄를 짓고 인색한 자의 기도는 듣지 않으시고(사 1:15), 금식 기도(렘 14:12)해도 안 들으신다.

돈을 사랑하며(딤전 6:7), 감사할 줄 모르고(롬 1:21), 차지도 덥지도 않고 미지근하다(계 3:15). 세상을 사랑하며(딤후 4:10), 주님보다 재물을 사랑하는 부자 청년(마 19:21-23)과 같고, 육의 생각이 강하며(롬 8:5-9), 예배 생활을 제 마음대로 하며(롬 12:1), 교회에서 불만, 불평을 말하고(유 16), 목사나 교회가 어려운 일이 있으면 교회를 떠난다.

믿음이 연약한 성도(롬 14:1)는 어려운 일, 힘든 일, 핍박이 오면 넘어진다(마 13:21, 시 62:3, 렘 49:21, 슥 11:2). 잘 흔들리고 말씀을 들을 때 잘 걸린다(마 15:12, 요 6:61, 행 7:51). 믿음의 병이 들고 시험에 잘 들고 어려운 일을 당하면 낙심한다(고전 11:30, 딤전 5:23, 갈 6:1, 시 42:5, 갈 6:9, 벧후 3:17).

의심하는 믿음(요 20:24-27)과 뿌리 없는 믿음(눅 8:13), 거짓이 없는 믿음(딤전 1:5)들이 있다.

구원받을 만한 믿음(행 14:9), 큰 믿음(마 15:22, 마 8:10), 거룩한 믿음(유 20), 모든 것을 먹을 만한 믿음(롬 14:1-2), 세상을 정죄할 수 있는 믿음(히 11:7), 온전한 믿음(히 10:22), 택하신 자의 믿음(딛 1:1)이 있다.
그리스도 예수 안에 있는 믿음(딤전 1:14), 보배로운 믿음(벧후 1:1)이 있다. 오직 의인은 믿음으로 살리라(롬 1:17)의 믿음과 아브라함에게는 그 믿음으로 의로 여기신 믿음(롬 4:9)이 있다.

이 믿음을 지키기 위해서는, 사탄의 진영이 있음을 알고(계 13장), 마귀의 간계를 능히 대적하기 위해 하나님의 전신 갑주를 입어라. 우리의 싸움은 혈과 육이 아니라 통치자들과 권세들과 이 어둠의 세상 주관자들과 하늘에 있는 악의 영들을 알고 대적하고 물리쳐야 한다(빌 6:11-12).
하나님으로, 믿음으로, 이기는 자 되시길 바란다. 이기는 자에게는 상급이 있다.

　예수 그리스도의 십자가 복음의 능력으로. 진리와 사랑으로 이기라고 교회에 말씀하신다(계 2-3장). 빛나고 깨끗한 세마포를 입어라(계 19:8)고 하셨다.

　진리와 사랑은 하나님을 믿으며 말씀과 기도하는 자에게 성령께서 조명하신다.

　목회에서 믿음은, 믿음으로 사명감을 가지게 한다. 그 믿음이 성장한다. 하나님의 영, 성령이 목회를 이끌어가신다. 이 믿음으로 성장하길 간구하며 기도한다.

"전쟁에 임하는 믿음"의 현시대 적용

전쟁을 경험해 보셨는가?
영화 또는 책으로 보거나, 경험자에게 듣는다.
전쟁을 겪어보지 못한 세대가 전쟁에 관하여 듣고 배우는 것은 무엇이며, 전쟁에 임하는 믿음은 무엇일까?

하나님의 사람들인 이스라엘이 대대로 싸우는 아말렉의 싸움에 관하여 듣는다. 이 싸움의 의미를 현재의 삶에 적용하도록 한다.

맛사 또는 르비딤에서 아멜렉과 싸울 때, 모세는 산 위에서 기도하고 여호수아가 아말렉과 싸운다. 모세와 아론과 훌이 산꼭대기에서 모세가 손을 들면 이스라엘이 이기고 손을 내리면 아말렉이 이긴다(출 17:10). 모세의 팔이 피곤할 때 아론과 훌이 모세의 손을 붙들어 올렸더니 여호수아가 칼날로 아말렉을 쳐서 무찌른다(출 17:12-13).

여호와께서 이 전쟁을 기록하여 기념하게 하고 여호수아의 귀에 외워 들리리라 여호와께서 아말렉을 없이하여 천하에서 못하게 하리라 한다(출 17:14). 모세는 제단을 쌓고, "여호와 닛시"라 한다(출 17:15).

여호와께서 대대로 아말렉과 싸우겠다고 하셨다(출 17:18). 이는 정복 전쟁의 서막이다. 여호수아가 기억해야 할 전쟁의 원리이다. 여호수아는 이 전쟁을 통하여 하나님의 뜻을 알았고, 그 원리대로 믿음으로 가나안 땅을 정복했다.

그러면 정복 전쟁 서막에 모세와 여호수아가 행한 믿음은 무엇인가?

우리는 여기서 대대로 대적하는 악한 자와 악한 영이 있음을 알아야 한다. 하나님께서 하나님 나라를 이루신 역사를 알아야 한다. 하나님께서는 애굽에서 국민을 만들어 자기 백성을 출애굽 시켰다. 출애굽 한 자기 백성을 시내 산으로 인도하여 법을 주었다. 하나님께서 모세에게 언약하시고 십계명과 법을 주셨다. 그 법은 레위기에 기록되어 있다. 하나님께서 모세를 통해 레위인들이 이스라엘에 가르치고 백성들이 행하도록 주셨다. 그리고 약속한 땅을 주셨다. 그 약속한 땅을 다 차지하고 여호와께서 그 주위에 안식을 주셨다(수 21:44). 그런데 이스라엘이 여호수아가 사는 날 동안과 여호수아 뒤에 생존한 장로들 곧 여호와께서 이스라엘을 위하여 행하신 모든 일을 아는 자들이 사는 날 동안 여호와를 섬겼다(수 24:31).

왜? 그날까지만 여호와를 섬겼고, 그 후에 그들이 죄를 짓게 되었는가? 우리가 기억하고 알아야 하는 것이 무엇일까? 현대에 적용할 지식으로부터 믿음은 무엇인가?

사도바울은, "우리의 싸움은 혈과 육을 상대하는 것이 아니요.

통치자들과 권세들과 이 어둠의 세상 주권자들과 하늘에 있는 악한 영들을 상대함이라"라고 말씀하셨다(엡 6:12).

구약의 전쟁과 신약의 싸움에 공통점이 무엇인가? 그것은 전쟁과 싸움의 뒤에는 악한 영, 사탄, 귀신이 있다는 것이다.

예수님께서 이 땅에 오셔서 귀신을 쫓아내는 많은 사역하셨다(마 8:31, 마 12:22, 마 17:18, 막 1:34, 막 7:25, 눅 11:14). 예수님께서는 마지막 유월절 전에 수전절 설교 후에 칠십 인을 요단 동편 베레아로 보낸다(눅 10:1). 베레아는 모세가 신명기를 전하고 죽은 곳이고, 엘리아 선지자가 승천한 곳이고, 세례 요한의 사역지이며, 예수님이 공생을 시작한 곳이기도 하다. 예수님께서 베레아 지역에 3개월 동안 최종 전도하셨다. 베뢰아에서 칠십 인이 돌아올 때 "주여, 주의 이름이면 귀신들도 우리에게 항복하더이다"라고 전한다(눅 10:17).

예수님께서, "사탄이 하늘로부터 번개같이 떨어지는 것을 내가 보았노라"라고 말씀한다(눅 10:18). 예수님은 악한 영, 귀신들을 물리쳤다. 제자들은 예수의 이름으로 귀신을 쫓아냈다(행 16:18). 예수를 믿는 우리도 예수 안에서 예수 그리스도의 이름을 믿음으로 그 귀신을 쫓아낼 수 있다.

우리는 기도뿐 아니라 삶에서 믿음을 행해야 한다.

모세와 여호수아 전쟁에 임하는 전에 그들은 하나님이 계심과 그 뒤에 악의 영이 있음을 알았다. 모세와 여호수아는 "하나님께 기도하고 동시에 악의 세력과 싸워야 한다"라는 믿음을 가지고 행했다. 하나님의 인도하심으로 세상에서 싸우는 믿음이다.

　신약에서 예수님께서는 악한 영, 귀신을 쫓아내셨다. 빛으로 오신 예수님께서 이 땅에 오심으로 어둠이 드러났다. 예수님의 이름으로 그 어둠의 영이 물려가고, 사탄은 떨어졌다.
　예수 그리스도께서 십자가에서 세상을 이미 이겼다. 그런데 아직 사탄이 공중 권세를 잡도록 하락했으니, 하나님의 자녀는 예수 이름으로 기도로 악의 영을 물리치고, 삶에서 행함으로 빛과 소금의 역할을 감당해야 한다.

　우리에게 일어나는 모든 일들은 우연이 아니다. 하나님께서 세상에서 일어나는 모든 일들도 이 땅의 운행도 통치하고 계신다. 하나님 나라이다. 세상은 하나님 나라를 대적하고 있다. 하나님 백성, 하나님 자녀로 살아가는 믿음으로 하나님이 주시는 권세와 은혜가 있길 기도한다.
　하나님을 대적하는 악한 영, 사탄, 귀신이 있다. 이를 알아야 한다. 또한 하나님께서 세상의 악한 사탄을 이기신 것을 알아야 한다.
　이를 알고 믿는 믿음이 이긴다.
　모세와 여호수아는 이를 알고 믿고 전쟁에 임했다.
　하나님으로 세상을 이기는 교회, 성도로서 믿음을 가지길 바란다. 말씀과 기도, 예배 가운데 주님께서 성령 충만하게 하고, 복을 주고 형통하게 하실 것이다. 영생 안에서 각자의 참된 믿음의 분량대로 상급을 주실 것이다.

여호수아 말과 믿음

세상에서 말을 배우고, 말을 적절히 하는 것은 참으로 중요하다.

사람이 어떤 말을 사용하는가에 따라 그의 삶은 달라진다. 어떤 상황에서 어떠한 생각에서 한 말로 인한 대처 능력의 효과는 달라진다고 할 수 있다.

태초에 하나님께서 말씀으로 천지 만물을 창조하셨다. 그리고 하나님께서 천지 만물을 다스릴 인간을 하나님의 형상과 모양으로 남자와 여자로 창조했다.

인간은 영과 혼, 영혼과 육체로 구성되어 있다. 인간에게는 하나님과 교제하는, 하나님을 아는 영이 있다. 이는 교육이나 체험을 통하지 않는 직관, 하나님의 영이다(고전 2:10-16). 행위의 옳고 그름을 판단하여 주거나 진리를 증거하는 양심이 있다(롬 2:14-15, 9:1). 인간은 예배를 통하여 하나님과 교통하며 알 수 있다(요 4:24).

혼은 "지정의"로 있다. 혼은 생각하는 지, 느끼는 정, 자기를 의식하고 결정하는 의가 있다. 육은 감각기관을 통하여 세상을 인식하여 그 정보를 마음(혼)에 전한다. 영혼과 몸은 일체를 이루고 있는 인간을 알아야 한다.

여호수아는 모세가 죽은 후에 하나님의 말씀을 듣는다. "율법책, 즉 성경을 네 입에서 떠나지 말고 주야로 묵상하라 그리하면 네 길이 평탄하게 될 것이며 네가 형통하리라"라고 말씀했다(수 1:8).
이어서 "강하고 담대하라 하나님 여호와가 여호수아와 함께 하리라"라고 말씀하셨다(수 1:9). 여호수아는 하나님께 말씀을 듣게 되었다.
여호수아는 여호와의 군대 장관을 만났다. "네 발에서 신발을 벗어라 네가 친 곳은 거룩하니라" 말씀하고, 여호수아는 그 말씀에 순종했다(수 5:15).

여호수아의 선포기도 능력은 대단하다. 기브온 사람들을 구하기 위하여 여호수아는 하나님께 외치며 기도했다. "태양아 너는 기브온 위에 머무르라 달아 너도 아얄론 골짜기에 그리할지어다"라고 하나님께 기도하고 말하니 그대로 이루어진다(수 10:12-14).

여호수아가 정복 전쟁을 마치고, 마지막 한 말이다. 그것은 "율법책, 성경을 다 지켜 행하라"말씀했다(수 23:6). 우상을 섬기며 절하지 말라(수 23:7). 오직 하나님을 가까이하라(수 23:8). 이는 하나님께서 강대한 나라들을 쫓아내셨으므로 오늘까지 맞설 사람이 하나도 없음을 말씀했다(수 23:9).

여호수아는 "너희 중에 한 사람이 천을 쫓을 것이다"라고 말씀했다(수 23:10). 이는 하나님께서 너희에게 말씀하신 대로 너희를 위하여 말씀대로 싸우시기 때문이다(수 23:10). 그러므로 "스스로 조심하고 너희 하나님을 사랑하라"라고 말씀했다(수 23:11). 서로 사랑해야 한다.

사랑의 말을 해야 한다. 말에는 힘이 있다. 말을 한 대로 이루어진다. 하나님께서도 하나님의 귀에 들린 대로 이루겠다고 하셨다. 내가 한 말, 하나님도 들으시고, 상대 청자도 듣고 나도 내 말을 듣는다. 사단도 듣고 속이고 거짓말하고 참소한다.

우리는 하나님의 말씀을 묵상하며 기도해야 한다. 그리고 믿음으로 말해야 한다. 지금 형편이 어려우면, 하나님께 나아가서 하나님께 탄식하고 간구하며 기도해야 한다. 그리고 세상에 대해서는 인간들에게는 하나님께서 하실 역사를 믿고, 믿음을 가지고 말해야 한다.

하나님께서 너와 나의 한 사람을 통하여 천 명을 쫓게 하실 것이다. 여호수아는 말씀을 듣고, 믿음으로 말해서 하나님이 주신 땅을 정복했다. 이 시대의 땅은 하나님 나라를 의미했다. 여호수아는 하나님의 말씀을 듣고, 순종한 믿음의 사람, 하나님의 사람이다.

여호수아, 그가 사는 날 동안에는 장로들과 하나님을 아는 자들이 하나님을 섬겼다. 여호수아가 죽은 이후에 사사들이 치리하게 된다. 사사 시대에는 범죄하고, 고통당하고 회개하니, 사사를 보내 구원하였다. 또 범죄, 고통. 회개, 사사를 보내 구원을 반복한다. 자기 소견대로 생각하고 했던 시대였다.

지금 시대는 어떠한가? 어떻게 적용해야 하는가?
성경은 말씀하고 있다. 비유로 말하기도 하고, 눈빛으로 표정으로 말하기도 하고, 그림으로 말하기도 한다. 말에 관하여 하나님이 주시는 은혜와 지혜가 있기를 기도하며 간구한다.

하박국의 믿음과 기도

하나님은 의로우신데, 불의한 일을 할 수 있을까?

세상을 살면서 이해할 수 없는 사건에 하나님께 묻고, 통곡하고 간구하기도 한다. 이 시대, 살아왔고 살고 있는 형편에서 이해되지는 않았던 상황이 없었는가? 하박국의 태도가 나의 젊은 날의 태도와 유사하다고 여긴다.

선지자 하박국이 묵시로 경고를 받는다(합 1:1). 그는 정의가 실현되지 않음에 악인이 활개를 침에 하나님께 항의했다(합 1:2-4). 하나님께서는 유다의 죄를 언급하고 심판을 말씀하신다. 그러나 하박국은 거짓된 자를 방관하시고 악인이 자기보다 의로운 자를 삼키는데 잠잠하시나이까 하니(합 1:12-13), 하나님께서는 묵시로 기록하여 달려가면서도 읽을 수 있도록 하라고 말씀하신다(합 2:2).

정한 때에 종말이 이르고, 비록 더딜지라도 기다리면 지체되지 않고 반드시 이루겠다고 하신다(합 2:3). 그리고 "보라 그의 마음은 교만하며 그 속에서 정직하지 못하니 의인은 그의 믿음으로 말미암아 살리라"라고 하신다(합 2:4). 세상 나라, 바벨론은 교만하고, 정직하지 못해서 정한 때에 망한다고 말했다. 그러므로 "의인은 믿음. 신실함으로 살리라"라고 말씀한다. 여기서 하나님께서는 "하나님의 주권적 계획을 받아들이는 것이 믿음"이라고 말했다.

하박국은, "수년 내에 부흥하게 하옵소서. 진노 중에라도 긍휼을 잊지 마소서"라고 기도한다. "진노 중에도 긍휼을 잊지 마소서"라고 기도했다. 하박국은 부흥에 대한 믿음 가졌는가?

하박국은 자신의 창자가 흔들리고 입술이 떨리며 썩은 것이 그의 뼈에 들어와서 떨린다고 고백한다(합 3:16). 그리고 믿음의 삶을 살겠다고 고백한 후에 찬양한다. "비록 무화과나무가 무성하지 못하며 포도나무에 열매가 없으며 밭에 먹을 것이 없으며 감람나무에 소출이 없으며 밭에 먹을 것이 없으며 우리에 양이 없으며 외양간에 소가 없을지라도 나는 여호와로 말미암아 즐거워하며 나의 구원의 하나님으로 말미암아 기뻐하리라"(합 3:17-18). 하박국은 그 시대의 상황과 형편을 보지 않고, 하나님을 바라보며 부흥을 믿었다.

부흥을 노래하면, 마른 뼈에 생기의 바람이 불어올 때, 죽었던 영혼이 눈을 뜨고, 가슴은 다시 뛸 수 있는 그것이 부흥이다.

부흥은 단지 사람이 모이는 소란이 아니라, 하나님의 숨결이 스며 잃었던 생명이 살아나는 순간이다. 그리고 살아난 생명은 홀로 빛나지 않고, 이웃을 일으키고, 가정을 살리고, 세상을 품는다.

예수님이 오신 까닭은, "생명을 얻게 하고 더 풍성히 얻게 하려 함"처럼, 참된 부흥은 곧 생명을 살리는 길이다.

그러므로 우리가 구할 것은 내 안의 불꽃만이 아니라, 흘러넘쳐 다른 생명을 살리는 부흥이다.

하나님을 경외하며 찬양한다. "주 여호와는 나의 힘이시라 나의 발을 사슴과 같게 하사 나를 나의 높은 곳으로 다니게 하시리라"라고 선포한다(합 3:19).
이는 사무엘하 22:34, "나의 발로 암사슴 발 같게 하시며 나를 나의 높은 곳에 세우시며"를 인용하면서, 다윗 언약 전체를 가져온다. 하나님께서 영원하시며 열방을 다스린다고 노래한다. 예수 그리스도를 노래한다.

하박국의 놀라운 고백을 듣는다. 하박국은 믿음으로 기도하며, 부흥을 간구하며 여호와 하나님을 믿음으로 노래하고 있다. 시대의 상황과 형편을 보지 말고, 하나님을 바라보며 부흥을 믿고 순종하며 행하길 기도한다.

아모스는 믿음으로 어떤 사명 했는가?

나는 아모스를 참으로 아주 좋아한다.

왜냐하면 아모스는 나와 비슷하게 세상에서 일하는 중에 부름을 받은 종, 선지자이며 그가 전한 말씀이 가슴에 왔기 때문이다.

하나님께 소명 받은 선지자, 사명이 있는 자는 평탄하게 사역을 하게 되는가? 사역하면서 어려울 때면, 이런 질문을 가끔 하게 된다.

아모스가 전한 사명과 말씀을 통하여, 이 시대를 조명해 주시는 말씀을 묵상해 본다.

아모스는 북 이스라엘 여로보암 시대 지진 전 이년에 남 유다 베들레헴에서 6마일 남쪽으로 떨어진 드고아 고원에서 목축하며 뽕나무를 재배하던 자였다. 그는 하나님이 말씀하신 것을 전하고 환상을 보았다.

아모스는 자신을 선지자도 아니고 선지자의 아들도 아니라 목자요 뽕나무를 재배하는 자라고, "벧엘에서 예언하지 말라"라고 한 벧엘의 제사장 아마샤에게 자신을 소개한다(암 7:14).

실제적으로 아모스는 유다 왕 웃시야의 시대 곧 이스라엘 왕 요아스의 아들 여로보암의 시대 지진 전 이년에 드고아 목자 중에 이스라엘에 관한 이상을 받은 자로 말씀을 전하는 자, 선지자이다(암 1:1).

아모스는 "여호와께서 시온에서부터 부르짖으며 예루살렘부터 소리를 내시리니 목자의 초장이 마르고 갈멜 산 꼭대기가 마르리로다"라고 전했다(암 1:2).

아모스는 뽕을 재배하면서 그 원리를 잘 아는 분이었다고 여긴다. 그는 구조에 대하여 아주 밝은 분이다. "지은 죄를 언급하고, 돌이키지 아니하면 벌을 보내리라"라는 구조로 이스라엘 이웃 나라인 다메섹, 가사, 두로. 에돔, 암몬, 모압에게 그리고 유다에게 심판을 연이어서 전했다(암 1:3-2:5). 그러고 나서 본격적으로 이스라엘에게 죄를 전하고(암 2:6), 7장에 가서 벌을 전했다.

아모스는 전체적으로 이스라엘의 심판을 전했다. 아모스는 남 유대인으로 북 이스라엘의 심판을 예언하는 것이 사명이었고, 그는 주신 사명대로 전하며, 예언했다.

여호와의 날을 사모하는 자에게 그날은 빛이 아니고 어둠이라고 했다(아모스 5:18). 절기를 멸시하고 성회를 기뻐하지 않음을 책망했다. 소제와 번제를 드릴지라도 받지 않고 살진 희생의 화목 제사도 하나님께서 돌보지 않으시겠다고 했다. 찬양 소리도 비파 소리도 듣지 않겠다고 했다.

아모스의 사명은 "죄를 알리고 돌이키라 돌이키지 않으면 심판이다"라는 내용을 전했다. 그는 "오직 정의를 물같이 공의를 마르지 않는 강같이 흐르게 할지어다"라고 전했다(암 5:24). 이는 구약 백성의 죄에 대한 심판과 회복의 백성에게 전하는 말씀이다.

"너희가 너희 왕 식굿과 기윤과 너희 우상들과 너희가 너희를 위하여 만든 신별의 별 형상을 지고 가리라"라고 우상숭배를 언급하고 심판을 말씀한다(암 5:26). 식굿과 기윤은 이방의 우상이다.

여호와께서 아모스에게 다섯까지 말씀을 보였다. 메뚜기 재앙, 불 재앙, 다림줄, 여름 과일 한 광주리 그리고 범죄한 나라 멸망이다(암 7:1-9:10). 그 시대에 아모스의 예언을 안 받음으로 망하게 된다.

"주 여호와의 말씀이니라 보라 날이 이를지라 내가 기근을 땅에 보내리니 양식이 없어 주림이 아니며 물이 없어 갈함이 아니요, 여호와의 말씀을 듣지 못한 기갈이라" 전했다(암 8:11). 듣지 않고 돌이키지 않는 백성들이었다. 아모스의 예언대로, 그 시대는 심판 받았다.

아모스는 결론 부분에서 새로운 메시지를 전한다. 다윗의 언약을 언급하고, 하나님의 나라 건설을 말씀했다.

"그날에 내가 다윗의 무너진 장막을 일으키고 그것들의 틈을 막으며 그 허물어진 것을 일으켜서 옛적과 같이 세우고 그들이 에돔의 남은 자와 내 이름으로 일컫는 만국을 기업으로 얻게 하리라 이 일을 행하시는 여호와의 말씀이니라"(암 9:11-12). 그리고 하나님이 주신 땅에서 다시는 뽑히지 않으리라고 약속하신다(암 9:15). 아모스는 그 시대를 보고 들으며, 하나님의 주신 말씀을 보고 듣고 믿었고 믿음으로 전했다. 아모스는 하나님이 이루실 하나님 나라를 믿음으로 전했다.

  말씀과 기도로 무너진 장막을 세워야 한다(암 9:11).
  말씀으로 성령이 임재하고 회복이 일어난다.
  하나님께서 말씀으로 다시 심으시겠다고 한다(암 9:15).
  인애하신 하나님께서 예수 그리스도로 하나님 나라를 일으키시고 확장하시겠다고 말씀하셨다. 예수 그리스도는 시간과 공간을 뚫고 초월적으로 오셨다. 남은 자는 예수 그리스도를 믿는 자, 거듭난 자, 예수 안에 있는 성도이다.

  아모스는 하나님이 사용하신 시간의 구간까지 사명을 다했다. 이 새벽, 나에게 주어진 사명을 다하도록 성령께서 힘주시고 말씀과 성령이 충만하길 기도한다. 하나님께 기도하며, 하나님께서 하시리라 믿는다.

말라기의 믿음

　말라기가 중요한 이유는 구약의 마지막 장면을 보여주기 때문이다. 영화의 마지막 장면은 감동적이기도 하고 안타깝기도 하며 여운을 남기기도 한다. 모든 것의 끝이 중요하다고 한다. 구약의 마지막 선지자는 말라기이다. 마지막 주자는 결론을 어떻게 내고 말씀을 전하는가?

　구약의 마지막 선지자인 말라기, "말라기의 믿음, 어떤 믿음인가?"라는 질문은 중요하다. 말라기는 하나님께서 이스라엘에 경고한 내용을 전하고, 구약을 요약하며 신약의 문을 여는 큰 믿음을 가졌다.

　모세에게 명령한 법, 율례와 법도를 기억하도록 전했다. 그리고 미래를 예언했다. "보라 여호와의 크고 두려운 날이 이르기 전에 내가 선지자 엘리야를 너희에게 보내리니"(말 4:5)로 말라기가 언급한 엘리야는 신약의 세례 요한이다. 400년 후, 구약과 신약의 연결을 예언했다. 이어서 "마음을 돌이키라"라고 하며, 그러하지 않으면 그 땅을 진멸할 것이라고 기록했다.

　말라기는 "보라 용광로 불같은 날이 이르리니 교만한 자와 악을 행하는 자는 다 지푸라기 같을 것이라 그 이르는 날에 그들을 살라 그 뿌리와 가지를 남기지 아니할 것이로되 내 이름을 경외하는 너희에게 공의로운 해가 더 올라 치료하는 광선을 비추리니 너희가 나가서 외양간에서 나온 송아지같이 뛰리라"(말 4:1-2). 그리고 심판을 말씀한다.

하나님께서는 성전 문을 닫을 자가 있으면 좋겠다(말 1:10)고 하셨다. 이는 포로 귀환 시대에도 희생 제물을 드리는 제사, 예배를 제대로 드리지 않고 더러운 떡을 드렸기 때문이다(말 1:7-8). 이는 레위와 세운 언약, 생명과 평강의 언약을 지키지 않았고, 레위인이 진리의 법을 가르치지 않았다고 말씀하셨다(말 2:4-6).

"제사장의 입술은 지식을 지켜야 하고 사람들은 그의 입에서 율법을 구하게 되어야 할 것이니 제사장은 만군의 여호와의 사자가 됨이거늘"(말 2:7)이라고 기록하여 말씀을 전했다. 그렇게 하지 못함으로, "너희는 옳은 길에서 떠나 많은 사람을 율법에 거스르게 하는도다 만군의 여호와가 이르노니 너희가 레위의 언약을 깨뜨렸느니라"라고 말씀했다(말 2:8). 하나님께서 레위인이 옳은 길로 인도하지 못했다고 질책하셨다.

그 후에 하나님께서, "여호와가 이르노라 너희의 온전한 십일조를 창고에 들여 나의 집에 양식이 있게 하고 그것으로 나를 시험하여 내가 하늘 문을 열고 너희에게 복을 쌓을 곳이 없도록 붓지 아니하나 보라"라고 말씀하셨다(말 3:10). 이는 땅을 기업으로 받지 못하고 하나님의 기업이 된 레위인이 사명을 감당하도록 이스라엘 백성에게 예배에 관하여, 물질에 관하여 바르게 행하도록 말씀하신다. 신앙적 물질적, 온전한 십일조, 예수 그리스도를 말씀하신다.

말라기는 심판하시는 하나님을 말씀하셨다. 그 가운데 회복하시고 구원하시는 하나님을 말씀한다. 변하지 않으신, 신실하신 하나님은 자기 백성들이 소멸하게 하지 않게 하시고, 복되게 하신다. 자기 백성이 사모하는 언약의 사자, 예수 그리스도를 보내실 것이다(말 3:1). 여기에 하나님의 백성, 자녀들에게 희망이 있다. 하나님은 영원하시고 신실하며 구원하시는 하나님이시다.

하나님의 믿음, 하나님을 믿는 믿음은 하나님의 말씀과 기도로 자라나는 것이다. 물질은 하나님께서 주셨고, 주실 것이다. 나의 모든 것은 주님이 주신 것으로 하나님이 주신 사명을 감당하는 데 바르게 사용되어야 함을 알도록 하시는 새벽이다.

말라기의 믿음은 하나님의 말씀대로 살아가는 믿음이다.
말라기의 믿음은 하나님의 이름을 경외하는 믿음이다.
말라기는 신약 시대가 열릴 것을 믿는 믿음이다.

믿음이 생기는 원천과 삶

새벽 깨우시면, 기도한다.

나는, "믿음은 어디에서 생기는가?"라고 스스로에게 질문한다. 믿음이 생기는 원천은 무엇인가?

"그러므로 믿음은 들음에서 나며 들음은 그리스도의 말씀으로 말미암았느니라"(롬 10:17). 즉, 말씀을 듣고 묵상하여 깨우쳐야 믿음이 생긴다.

나는 중학교 진학을 추첨하여 학교가 정해지는 세대이다. 미션스쿨인 브니엘에서 매일 성경 말씀을 방송으로 들었다. 성경을 듣는 별도의 과목도 있었다. 주일에는 교회 참석해 예배를 드리고, 출석한 확인 도장을 받아와야 우등상을 받을 수 있는 자격이 되었다. 그 시절에 이런 교육 과정에서 들은 말씀으로 인해 나에게 믿음이 생겼을까?

예언서는 "회개하라"라고 말씀을 전하고 있다. 묵시는 환상을 보여준다. 하나님의 사람들은 하나님을 대면한다. 눈으로 보았다는 것이다. 몇 가지 성경 사례를 살펴보자.

요한계시록의 서두에 "예수 그리스도의 계시이고, 반드시 속히 일어날 일들을 그 종들에게 보이시려고 그의 천사를 그 종 요한에게 보내어 알게 하셨다"라고 기록되어 있다(계 1:1). 에게 해에 있는 밧모 섬에서 계시를 본 요한이 기록하였고, 그 기록을 일곱교회에 보내어 보고 듣게 되었다.

모세오경을 기록한 모세는 하나님과 대면하여 말씀을 들었고, 이스라엘에는 모세와 같은 선지자가 없었다(출 33:11, 민 12:8, 신 34:10).

이사야는 유다와 예루살렘에 관하여 본 계시(사 1:1)를 기록했다. 예레미야는 여호와의 말씀이 임하여(렘 1:4) 기록했다. 하나님은 예레미야에게 "보라"(렘 1:10)라고 하시고, "예레미야야 네가 무엇을 보느냐"라고 하시며 향후 일어날 일을 보여주셨다(렘 1:11, 13).
에스겔에게 하늘이 열리며 하나님의 모습이 보였다(겔 1:1). 에스겔에게 여호와의 권능이 임하고 보게 되었다(겔 1:3-4).

하나님께서 은밀한 일에 다니엘에게 보이셨다(단 2:18-20). 다니엘은 꿈의 해석으로 미래를 보았다.
아모스는 이스라엘에 대하여 이상으로 받은 말씀을 기록했다(암 1:1). 주 여호와는 자신의 비밀을 그 종 선지자들에게 보이시고 행하신다(암 3:7).

여호와의 말씀이 선지자 스가랴에게 임한다(슥 1:1). 그는 보았다. 밤에 보니(슥 1:8), 내가 눈을 들어 본즉(슥 1:18, 2:1), 여호와께서 내게 보이시니라(슥 3:1), 네가 무엇을 보느냐(슥 4:2), 내가 눈을 들어 보니(슥 5:5), 무엇인가 보라(슥 5:7), 눈을 들어 본즉(슥 6:1)으로 스가랴는 8가지 환상을 보았다.

성도는 성경 저자, 선지자들이 보고, 기록한 말씀을 통해 그 현장에 가고 걸으며 보게 된다.
일어난 일의 계시와 일어난 역사를 통하여 듣고 보며, 앞으로 일어날 일에 대하여 믿음이 생긴다.
지나온 날들을 돌아보면, 나는 주어진 바에 충실히 하고자 노력했으나, 부족함을 느꼈다. 그럼에도 불구하고 하나님께서는 모든 것들 속에서 나에게 믿음이 생기도록 인도하심에 감사드린다.
주님이 재림하실 때, "믿음을 보겠다"하셨다. 믿음으로 구원을 받는다.

여기서 믿음만으로 충분한가? 살짝 생각해 본다.
베드로는 믿음의 형제에게 편지하기를(벧후 1:1), 믿음에 덕을, 덕에 지식을, 지식에 절제를, 절제에 인내를, 인내에 경건을, 경건에 형제 우애를, 형제 우애에 사랑을 더하라(벧후 1:5-7)라고 말씀했다. 이는 우리 주 예수 그리스도의 영원한 나라에 들어감에 세상을 살아가면서 실족하지 않도록 하기 위함이다(벧후 1:11). 따라서 이 땅의 삶에는 지혜가 필요하다.

믿음을 가진 자는 이 땅에 하나님 나라가 충만히 이루어지기를 원하신 예수님처럼 이 땅에서 믿는 자로 살아가는 삶의 지혜도 필요하다. 추운 겨울이 지나면 봄이 온다. 고난이 있으면 성장도 있다.

위기가 있으면 기회도 있다. 인간은 그날 그때를 모르지만, 반드시 죽음은 오고, 죽음 뒤에 주님과 함께하는 영원한 세계가 있다. 믿음은 말씀과 기도, 예배로 성장한다. 하나님 나라의 백성으로서, 자녀로서 믿음의 원천을 알고 행하는, 세상에서 살아가는 삶의 지혜가 있기를 믿음으로 기도한다.

나와 공동체 기도 속의 믿음

시편을 읽으면서 사랑과 은혜에 감동한 적이 있으신가요?

새벽에 문득 시편의 주제에 대하여 생각한다. 왜냐하면 무엇보다도 시편은 하나님과 인간을 알기에 유익한 내용이 있고, 동시에 저자가 시를 적는 동기가 되었기 때문이다. 시편의 주제를 알고 나와 공동체 기도 속의 믿음을 알고자 한다.

시편의 신학적 주제를 알기 위해서는 창조를 살펴보아야 한다. 하나님께서 태초에 천지를 창조하셨다. 자기 백성들에게 시내 산에서 법을 주셨고, 그리고 기업이 되는 땅을 주셨다. 그런데 죄를 지은 후 인간은 두 종류의 인간이 있음을 알 수 있다. 이 세상에는 하나님을 경외하며 하나님을 의지하는 의인과 하나님을 부인하고 의인을 핍박하는 악인이 있음을 알 수 있다.

하나님은 의인의 기도와 감사, 찬양을 듣고 기도에 응답하시며 구원하신다. 악인은 하나님을 대적하고 하나님은 악인을 심판하신다. 악인, 즉 의인의 원수는 의인을 핍박하고 억압한다. 그런데 의인은 악인의 핍박에 대응하지 않는다. 시편 기자들은 자기 백성을 보호하시고 사랑하시며 구원하시는 하나님을 신뢰하고 노래하고 기도하며 말씀한다.

　루터는 시편을 작은 성경이라 했고, 칼빈은 시편을 영혼의 모든 부분을 해부한 책이라고 했다. 시편은 구약의 하나님 백성들이 예배에서 묵상하고 불렀던 찬양곡이다.

　시편의 종류는 신뢰시, 제왕시, 지혜시, 탄식 기도시, 감사시, 찬양시 등이 있다. 시편의 구조는 5권으로 되어 있다. 1권은 1-41편, 2권은 42-72편, 3권은 73-89편, 4권은 90-106편, 5권은 107-150편이다. 1-2권은 다윗 왕조의 찬양이고 3권은 다윗 왕조의 멸망, 4-5권은 포로 귀환과 다윗 언약의 회복을 소망하고 있다. 역사적 내용이 구조에 담겨서 흐르고 있다. 왕조의 멸망이 이루어진 3권에서부터 공동체의 기도가 많이 있다.

　시편 90편은 모세가 지은 시이고, 제5권의 시들이 포로 귀환 후의 시라면, 시편은 모세와 포로 귀환의 사이 즉 천 년 정도의 긴 역사의 기간에 기록되었다.
　천년의 역사 가운데 있는 시편의 저자들은 하나님께서 하신 역사와 말씀들을 담고 있다. 저자들은 인간의 고통과 처절함, 억울함에 관한 탄식의 내용을 기록하고 있다. 그 저자들은 자신의 인간 고통의 상황을 하나님께 가져가서 기도하고, 하나님께 간절히 간구하며 신뢰하는 시들이 있다.
　또한 이 시편들에는 하나님의 법, 하나님의 뜻이 담겨있다. 그

법, 그 뜻대로 살아달라는 하나님의 말씀이 담겨있다. 신약의 성경 저자들은 시편을 많이 인용하고 있다는 사실도 알아야 한다. 시편의 노래에는 예언과 증거의 내용들이 있음을 알 수 있다. 시편에서도 예수 그리스도를 증거하고 있다.

  예수님께서는 모세의 율법과 선지자의 글과 시편의 내용이 예수님 자신을 가리켜 기록된 모든 것이 이루어지리라 말씀하셨다(눅 24:44). 예수 그리스도는 어린양으로 구원주이자 하나님이심을 알려주신다. 시편에서도 언약의 말씀, 하나님의 말씀에 순종하면서 살면, 그리하면 복을 주시고 형통하게 하겠다고 말씀하신다. 세상을 창조하시고 인간에게 복을 주신 하나님께서 자기를 찾는 백성이 하나님의 형상과 모양대로 세상을 통치하고 다스리며 살기를 원하신다.

  인간은 하나님의 섭리를 다 알 수 없다. 말씀을 붙잡고 나와 공동체 기도 속에서 믿음이 자라도록 묵상하고 기도해야 한다. 성경으로 알도록 해 주신 부분까지, 성경의 말씀 내용 안에서, 하나님의 계시 말씀을 성령의 조명으로 알 수 있다.
  성경이 알려 주신 곳까지 알고, 말씀을 믿음으로, 하나님으로 세상을 이기는 은혜가 있기를 기도한다.

시편 1편, 믿음의 측면에서

시편 1편, 무엇을 노래하고 말씀하는가?

시편 1편과 2편은 시편 150편의 서론이다. 1편은 의인과 악인의 서로 다른 삶과 종말을 대비하고 있다. 1편은 여호와의 법을 주야로 묵상하는 자, 즉 "모세 언약을 지키는 자가 복되다"라고 노래한다. 하나님을 경외하는 것만이 인간의 본분임을 가르쳐 주는 시이다.

시편 전체의 주제는, 신본주의적 신앙과 하나님을 경외하는 인생관에 있음을 선명하게 알려 주는 시이다. 시편 1편을 읽어 본다.

1:1 복 있는 사람은 악인들의 꾀를 따르지 아니하며 죄인들의 길에 서지 아니하며 오만한 자들의 자리에 앉지 아니하고
1:2 오직 여호와의 율법을 즐거워하여 그의 율법을 주야로 묵상하는도다
1:3 그는 시냇가에 심은 나무가 철을 따라 열매를 맺으며 그 잎사귀가 마르지 아니함 같으니 그가 하는 모든 일이 다 형통하리로다
1:4 악인들은 그렇지 아니함이여 오직 바람에 나는 겨와 같도다
1:5 그러므로 악인들은 심판을 견디지 못하며 죄인들이 의인들

의 모임에 들지 못하리로다

1:6 무릇 의인들의 길은 여호와께서 인정하시나 악인들의 길은 망하리로다

장르는 지혜시이며, 문학적 특징은 의인과 악인을 대조하고 있으며, 평행법을 사용하고 있다. 의인의 삶과 악인의 길과 삶을 극명하게 대조 비교한다. 의인의 삶은 시냇가의 심은 나무로 악인의 삶은 바람에 나는 겨로 직유하고 있다.

1-3절은 의인의 길에서 행복, 4-5절은 악인의 길에서의 불행이다. 1-2절은 삶의 방식이고, 3-4절은 비유이며, 5-6절은 결과이다. 시인은 하나님께서 온 세상 통치자로서 악인과 의인의 길을 아시고, 하나님의 통치 원리인 말씀에 따라 사는 의인이 행복한 사람으로 찬양하고 있다.

하나님의 통치 원리인 말씀에 따라 살면, 풍성하고 행복한 삶이 된다. 성경에서 말씀하는 복, 즉 아브라함에게 말씀하신 복은 열방이 예수 그리스도 안에서 하나님의 자녀, 하나님의 백성이 되는 복이다.

말씀 묵상을 방해하는 사탄은 세상의 길에서 우리에게 늘 있음을 반드시 바르게 알아야 한다. 세상 가치관의 핵심은, "육신의 정욕, 안목의 정욕, 이생의 자랑"으로 우리를 둘러싸고 있다(요일 2:16). 성도님이 항상 말씀으로 기쁨과 생명을 누리지 않으면, 순식간에 세상에 휩쓸리게 될 것이다(마 13:22; 요일 2:15-17; 딤후 3:13). 왜냐하면 세상에서는 악인들이 의인들보다 더 잘되는

것처럼 보이기 때문이다.

 하나님께서는 의인을 지키시고 인정하십니다. 의인을 보호하심을 반드시 기억하며 기도해야 합니다. 말씀의 길은 좁은 길이지만 반석 위에 지은 집과 같고, 악인의 길은 넓은 길이지만 모래 위에 지은 집과 같습니다(마 7:13-14, 24-27). 말씀으로 좁은 길인 의인의 길을 가시길 바랍니다. 반석 위에 집을 지으시길 바랍니다.

 마지막 날에 악인들은 영벌에, 의인들은 영생에 들어가게 될 것이다(마 25:46). 이를 믿는, 믿어지며, 믿음으로 살아가는 은혜가 충만하길 바란다. 하나님으로 세상을 이기는 교회, 세상을 이기는 성도님 되시길 기도한다.

시편 8편, 믿음의 측면에서

시편 8편을 묵상한다. 시편 8편, 어떤 믿음인가?

3-14편은 고난받는 의로운 왕의 기도이다. 시인은 가난한 의인의 탄식과 구원, 악의 심판을 노래한다. 그 가운데 8편은 다윗이 밤하늘의 달과 별을 보면서 창조주 하나님이 하나님께서 형상으로 인간을 창조하여 인간이 창조 세계를 다스리게 하시며, 하나님의 영광을 반영하는 주제를 담고 있다.

시를 읽어 본다.
8:1 [다윗의 시, 인도자를 따라 깃딧에 맞춘 노래] 여호와 우리 주여 주의 이름이 온 땅에 어찌 그리 아름다운지요 주의 영광이 하늘을 덮었나이다
8:2 주의 대적으로 말미암아 어린 아이들과 젖먹이들의 입으로 권능을 세우심이여 이는 원수들과 보복자들을 잠잠하게 하려 하심이니이다
8:3 주의 손가락으로 만드신 주의 하늘과 주께서 베풀어 두신 달과 별들을 내가 보오니
8:4 사람이 무엇이기에 주께서 그를 생각하시며 인자가 무엇이기에 주께서 그를 돌보시나이까

8:5 그를 하나님보다 조금 못하게 하시고 영화와 존귀로 관을 씌우셨나이다

8:6 주의 손으로 만드신 것을 다스리게 하시고 만물을 그의 발 아래 두셨으니

8:7 곧 모든 소와 양과 들짐승이며

8:8 공중의 새와 바다의 물고기와 바닷길에 다니는 것이니이다

8:9 여호와 우리 주여 주의 이름이 온 땅에 어찌 그리 아름다운지요

장르는 찬송시에 지혜적 요소가 있다. 하나님보다 조금 못한 존재에게 사명을 주어 영광의 관을 씌우셨다. 1절에 하나님 이름을 부르신다.

4절에서 사람이 무엇이기에 주께서 생각하시고 주께서 돌보신다. 4절을 중심으로 1-3절과 5-9절이 감싼다. 1절과 9절 "어찌 그리 아름다운지요"로 반복한다. 하나님의 창조에서 인간의 위치를 상기시킨다. 5절에, 하나님보다 조금 못하다고 한다.

욥이 자기 고통 중에 하나님을 상기하여 인용한다. "사람이 무엇이기에 주께서 그를 크게 만드사 그에게 마음을 두시고(욥 7:17)." 시편 기자는 경외로운 표현으로, 반면 욥은 탄식한다(욥 7:18-21).

예수님께서는 "호산나 다윗의 자손이여"라는 아이들을 보고 노

믿음에 관한 글 111

하는 대제사장과 서기관에게 시편 8:2를 인용하셨다(마 21:16).

바울은 예수의 부활로 정복한 죽음을 시편 8:6을 인용하여 말한다(고전 15:27). 히브리서는 시편 8편으로 사람이 천사보다 조금 낮은 존재함을 인용한다(히 2:6). 하나님보다 조금 못하게 된 인간을 예수님께서 영광으로 관을 씌우셨다.

하나님이 어떤 분이신지 알고, 믿는 믿음이다. 하나님은 창조주이시다. 하나님이 창조주이심을 믿는다. 인간을 돌보시는 하나님, 대리 통치자로 삼으신 하나님, 하나님께 영광을 드린다.

천국의 비밀 비유 듣고 믿는 믿음

비유로 말씀하시는 분은 멋있다고 여깁니다.

비밀은 가까운 사람, 즉 믿을 만한 사람들 관계 속에서 갖는다. 비유도 알아들을 수 있을 만한 사람에게 알리기 위한 표현이다.
 예수님께서는 천국의 비밀을 비유로 말씀하셨다. 왜냐하면 천국 비밀은 제자들에게만 허락되었고, 큰 무리에게는 허락되지 않았기 때문이다(마 13:11). 그들은 보아도 보지 못하고 들어도 듣지 못하며 깨닫지 못했다(마 13:13).

예수님은 비유로 말하는 것은 창세부터 감추인 것을 드러내기 위함이라 말씀하셨다(마 13:35).
 예수님이 비유로 천국 복음을 말씀하시는 것을 듣고 믿느냐 믿지 않느냐는 무엇을 뜻하는가?

하늘의 비밀은 하나님의 때에 알려진다. 또한 인간의 능력에 의해서가 아니라 하나님의 계시로 알려진다. 비밀을 듣고 이해할 수 있는 사람은 택함을 받은 은혜받은 자이다. 하나님께서 다니엘 2장에서 보이신 하나님 나라 계시를 기록하였다. 이 나라는 영원히 망하지 않을 나라에 관한 계시이다(단 2:28, 44).

하나님 나라의 계시로 예수 그리스도의 오심과 가르침을 알게 되었다. 네 가지 땅에 떨어진 씨 비유에서 예수님은 비유의 뜻을 이해하는 자와 그렇지 않은 자는 인간의 마음에 달려있다고 이사야 본문을 인용하여 설명한다(사 6:9-10). 즉 듣기는 들어도 깨닫지 못할 사람들이 많이 있기에 보기는 보아도 알지 못하리라고 말씀한다. 이는 백성의 마음이 둔하며 귀가 막힘에 있다.

요즘에 주식이나 가상화폐, 투자 땅에 관해서는 관심 가진 사람들이 많다. 가짜 뉴스에 속고 속는 예들도 현재 세상에는 만연히 있다. 옛날이나 지금이나 무엇을 듣고 어떻게 반응하는가는 중요하다. 현인은 이 세상은 헛되고 헛되다고 하고, 세상은 썩어짐과 쇠하여짐이 있다고 말한다. 세상 사람들은 육신의 정욕과 안목의 정욕과 이생의 자랑이 있지만, 이 모두가 헛된 가운데 지나간다. 그러면 오직 영원함이 어디에 오는지 알고 싶지 않은가?

예수님 시대나 지금이나 복음을 전해도 듣지 않으려고 하는 사람도 있고, 또 말씀을 깨닫지 못하는 사람도 있다(마 13:19). 말씀을 듣고 기쁨으로 받아들이지만, 뿌리가 없어서 환난이나 박해가 일어나면 곧 넘어진다(마 13:21). 세상 염려와 재물의 유혹으로 말씀이 박혀 결실을 맺지 못한다(마 13:22). 그런데 말씀을 듣고 깨닫는 자는 열매를 맺는다(13:23). 열매가 맺어지고 안 맺어짐은 말씀이 문제가 아니라 땅이 문제이다.

하나님의 나라는 겨자씨와 누룩 비유처럼 확장되고 자라난다(마 13:31-33). 겨자씨 한 알이 자라서 공중의 새들이 와서 그 가지에 깃든다. 하나님의 나라는 숨겨져 있는 누룩과 같이 성장한다.

천국은 밭에 감추인 보화와 같다. 자기의 소유를 다 팔아 그 밭을 사게 된다. 값진 진주와 같다. 참 진리를 통한 의와 평강과 기쁨이 있다. 이를 깨닫는 은혜는 새것인 신약과 옛것인 구약을 곳간에서 내오는 집주인과 같다. 말씀을 듣고 깨달음으로 천국에 관하여 생기는 믿음이 있다. 하나님의 뜻을 행하는 자가 영원하다.

천국의 비밀은 스스로 알려지지 않는다. 보고 듣고, 그리고 깨우쳐져야 한다. 은혜는 바르게 듣고 바르게 보는 데 있다. 듣고 보는 인간의 반응에 있음도 경험한다.

천국의 비유가 들리며 깨우치는 은혜가 있기를 바란다. 기도하며 말씀을 듣고 보는 것, 예배드리는 그것이 하나님의 은혜를 받는 수단이다. 천국의 보화를 소유하는 은혜가 있기를 기도한다.

안식을 얻는 믿음에 관하여

　이 땅에서 안식을 느끼며 살아가시고 계신가요?
　안식(安息)이란, 사전적 의미로 편히 쉼이라 말한다.

　성경에서 안식의 처음 사용은 창세기 2장 3절에 나온다. 천지 만물을 창조한 후에 그날을 복되게 하고 거룩하게 하시고, 그날 안식하셨다. 창조가 완성되어서 안식이 이루어진다. 안식은 통치이며 섭리이며, 안식은 창조의 목적이기도 하다.

　인간이 죄를 지어서 하나님과 분리되어서 안식이 이루어지지 못하게 된다. 인간의 죄는 하나님의 말씀을 거부하는 데 있다. 이는 뱀(사탄)의 꾐에 속아서 헛된 욕망으로 일어났다. 인간은 하나님 안에서 이루어지는 안식을 거부했다. 인간은 하나님의 안식에서 벗어나 쫓겨났다. 그럼에도 하나님께서는 사람에게 안식이 이루어지게 하도록 섭리 가운데 구원을 계획하시고 인간에게 언약하신다.

　하나님이 언약을 이루는 역사는 하나님의 사람을 택하여 부르시고 하나님 나라의 일을 하도록 하신다. 구약에서 하나님은 하나님의 사람에게 보여주시고 말씀하신다. 아브라함의 자손에게 땅을 주고, 하나님 백성으로 지켜야 할 법(율법)을 주셨다. 아브라함을 통해 열방이 복을 받게 하셨다. 하나님께서는 제사를 통하여 죄를 지은 인간이 하나님을 만날 수 있도록 하셨다. 하나님의 말씀에 순종하여 하나님이 주시는 안식에 이를 수 있도록 하셨다. 이는 하나님의 통치에 대한 순종에 있다. 하나님의 나라는 통치 개념이라면 하나님 나라의 백성은 하나님의 말씀에 순종하는 백성이다.

궁극적으로 안식을 이루신 분은 죄에서 구원하시는 예수 그리스도이시다. 불순종한 구약 백성과 비교해 예수님은 그 세상 시험과 유혹을 이기고 안식에 들어가도록 하셨다. 그래서 예수님이 길이요, 진리요, 생명이 되신다. 인간은 죄를 지어서 불안하고 두려워하게 되었고 된다. 인간의 죄를 해결하신 분이 십자가에서 달려주신 예수님이시다.

하나님께서는 인간을 하나님의 형상대로 남자와 여자를 창조하시고, 그들에게 복을 주시고 생육하고 번성하여 땅에 충만하라 하시고 창조 세계를 다스리라고 하셨다(창 1:26-28). 이는 하나님의 통치 아래 있을 때이다. 그런데 하나님의 말씀에 불순종할 때 저주받고 심판받게 된다.

창조 후에 하나님은 일곱째 날을 복되게 하시고 거룩하게 하셨다. 하나님의 통치를 받는 하나님 형상의 자녀는 거룩해야 한다. 안식은 거룩함에 있음을 말씀한다. 구원 역사에서 하나님께서는 자기 백성이 죄를 지으면, 회개하도록 말씀하신 것은 하나님의 형상인 자기 자녀가 거룩하도록 원하시고 안식하기를 원하심에 있다. 안식일을 지키도록 하신 것은 삶의 모든 시간과 공간에서 거룩해지기를 원하심이다. 구약에서 인간들은 거룩함에 실패하고, 안식에 실패한 인간들을 보게 된다. 이는 하나님의 통치에서 벗어나 있기 때문이다. 안식은 하나님이 임재하시는 성전에서 이루어진다.

신약에서 인간의 거룩함과 안식은 예수 그리스도 안에서 성령의 인치심으로 가능하다. 말씀을 돌판에 새기는 것이 아니라 마음에 새겨 지키는 것이다.

안식은 예수 그리스도 안에서 연합하여 이루어진다. 예수님께서는 우리가 영원한 안식을 이루도록 거처를 준비하셨다. 예수 그리스도의 영, 성령의 임재로 안식이 이루어진다. 안식을 주시는 분은 하나님이시다. 하나님의 통치가 이루어지는 곳이 넓은 의미의 성전이고, 그곳에 안식이 이루어진다. 예수님이 안식일에 일하신 것은 생명을 살리기 위함이다. 안식의 궁극은 구원에 있다. 구원함으로 하나님의 자녀로 안식함에 있다.

예수 그리스도 안에서 연합하여 죄에서 구원받은 자로, 믿음으로 안식을 누리며 다시 오실 예수님을 맞이할 준비 하고자 한다.

베드로의 믿음과 사랑에 관하여

인간은 어떻게 살아갈 것인가?

인간이 살아가는 삶에서 믿음과 사랑은 어떤 관계가 있을까?
세상 삶에 대해 스스로에게 질문을 던지고 진리를 간절히 찾고자 했다. 베드로는 세례 요한의 말을 따르던 자로 진리, 메시아를 갈구했다.
"믿음의 결국 곧 영혼의 구원을 받으리라"(벧전 1:9).
"무엇보다도 뜨겁게 서로 사랑할지니 사랑은 허다한 죄를 덮느니라"(벧전 4:8).

베드로의 믿음은 어떠한가? 그는 예수님을 부인한 적이 있었다. 베드로는 회개하고, 부활하신 예수님을 만나고, 예수께서 사랑을 언급하시며, "내 양을 치라"고 하신 말씀에 따른다(요 21:15-23).
베드로는 거듭난 산 소망이 있었고, 썩지 않고 더럽지 않고 쇠하지 아니하는 유업을 잇게 하심을 믿었다. 베드로는 예수님의 사랑을 알았고, 예수님의 승천으로 보지 못하나 믿고 말할 수 없는 영광스러움으로 기뻐했다.
우리는 이 땅에 흩어져 있는 나그네이다. 우리가 비록 이 세상에 살고 있지만, 나아갈 본향이 있다. 하나님 나라에 속한 천국 백성다운 삶을 살아가야 한다. 세상의 어떠한 고난 속에서도 인내하며 이겨야 한다. 말씀에 따라 살아야 한다. 베드로는 하나님의 말씀은 썩지 아니하는 씨로서 항상 살아 있다고 전했다. 풀과 같은 유한한 인생에서 하나님의 말씀으로 거듭나서 영원한 생명을 가져야 한다. 하나님의 말씀은 영원히 존재한다. 성도들에게 전파된 복음이 하나님의 말씀이다. 하나님의 말씀은 단순히 죄를 지적하거나 정죄하는 율법이 아니고 그것을 믿고 순종하는 성도가 생명과 구원과 소망을 가지게 한다.

만물의 마지막이 가까운데 근신하고 기도하도록 권하며 서로 사랑하도록 권면했다. 또한 그는 하나님의 뜻대로 고난받는 자에게 그리스도의 고난의 증인으로 나타날 영광에 참여할 자로 양무리의 본이 되도록 권면했다.

"염려를 다 주께 맡기라 하나님이 돌보신다. 근신하라 깨어라 너희 대적 마귀가 우는 사자같이 두루 삼킬 자를 삼킬 자를 찾으니 믿음을 굳게하게 하여 그를 대적하라 세상에 있는 형제들도 고난을 받는다"(벧전 5:7-9).

베드로는 믿음의 사람이었다. 세상 속의 교회, 교회 속의 세상을 전했다. 그의 믿음은 예수 그리스도의 사랑에서 나왔고, 은혜의 하나님 곧 그리스도 안에서 영원한 영광을 알고 믿었다.

세상을 이기는 자의 믿음

이기는 자가 되도록 하라.

세상에서가 이기는 자가 아니라 세상을 이기는 자가 되고 싶다.

세상을 이기는 자의 믿음을 다시 생각해 본다.
"하나님께로부터 난 자마다 세상을 이기느니라"

창세기 4장에서 아담과 하와는 가인과 아벨을 낳는다.
아우 아벨은 양치는 자이고, 가인은 농사하는 자이다. 세월이 지나 여호와께 제사를 지내는데, 가인과 그의 제물은 받지 않고 아벨과 그의 제물을 받으셨다. 이에 가인은 분하게 여긴다. 하나님께서 가인에게 "네가 어찌 분하게 여기고 안색이 변함이 어찌 됨이냐? 죄가 너를 원하나, 너는 죄를 다스리라"하였다. 그런데 가인은 그들이 들에 있을 때 아우 아벨을 쳐 죽인다.

아담이 다시 아들을 낳아 가인이 죽인 아벨 대신에 다른 씨를 주셨다. 셋이다. 셋도 아들을 낳고 그의 이름이 에노스라 하였다. 그때 사람들이 비로소 여호와의 이름을 불렀다. 성경은 가인 계열과 셋 계열의 역사적 내용을 적고 있다. 창세기부터 요한계시록까지 이어지고 있다.

창세기에서 하나님께로 난 자는 하나님의 이름을 부르는 자, 하나님께 예배하는 자, 하나님 안에 있는 자이다.

창세기 3:15, 원시 복음이다. 아담과 하와는 하나님께서 먹지 말라(창 2:17)고 하신 선악과를 먹었다(창 3장). 그 결과로 뱀(사탄)은 여자의 원수가 되고, 여자의 후손은 뱀의 머리를 상하게 하며, 뱀은 여자의 후손 발꿈치를 상하게 한다.

이 세상은 하나님의 이름을 부르고 예배하는 셋의 계열과 이를 대적하는 가인 계열이 있다. 셋은 교회공동체이다.

여자의 후손은, 메시아를 가리킨다. 예수 그리스도이다.

"세상에서 이긴다"와 "세상을 이긴다"의 의미 차이가 있다. 세상에서 이겨도 세상에 지는 경우가 많다. 반대로 세상에 진 것 같아도 세상을 이긴 승리도 많다. 예수를 이미 믿고 생명과 사랑을 받았어도, 다시 세상의 더러움에 있고, 썩어지고 허무함에 붙잡히게 된다(벧전 1:4). 개가 토한 것을 다시 먹게 되듯, 처음 들었던 생명과 사랑의 복음을 다 잃게 되고 피폐해지기도 한다(벧후 2:19-22).

어떻게 하면 세상을 이길 수 있게 되는가?

오직, 세상을 이기신 예수 그리스도를 믿고, 그 안에 연합하여 거하는 것이다. 이는 예수 그리스도의 말씀을 먹고, 기도하는 것이다.

우리의 믿음이란 무엇인가?

예수께서 하나님의 아들이심을 믿는 자가 아니면 세상을 이기는 자가 누구인가(요일 5:5).

요일 5장 6절, 물과 피로 임하신 이는 곧 예수 그리스도이시다. 여기서 물은 예수님의 세례이고, 피는 예수님의 십자가로 해석된다.

세상에서 악한 자, 마귀, 사탄은 거짓말을 하고 믿는 자를 흔든다.

진리의 싸움이다. 예수 그리스도가 하나님이심을 믿지 않도록 의심하게 하고 흔들고 유혹한다.

이를 이기기 위해서는 말씀을 먹고, 계속해서 기도하는 것이다. 요한계시록 1:1, "하나님이신 예수 그리스도께서 계시로 보여준다." 그리고 교회가 세상을 이기는 자가 되도록 말씀하신다. 다시 오실 하나님, 예수 그리스도를 알고 믿도록 말씀하신다.

다시 오시기까지 하나님의 교회에서, 사랑과 진리 가운데 사귐이 있도록 말씀한다. 요한계시록 일곱 교회의 편지의 요점은 진리와 사랑이다. 진리를 지켜야 한다. 진리는 예수 그리스도의 말씀이다. 빛과 생명이다. 진리 안에서 사랑이다. 사랑은 예수 그리스도의 사랑이다. 십자가 사랑, 구원하신 생명의 사랑이다. 사랑이 없다면 진리가 아니다. 예수 그리스도는 새 언약을 이루신 이시다. 성령을 마음에 새기며, 내주하시고, 순종할 수 있게 한다.

나는 어떤 사람인가? 하나님을 경외하는 삶을 살고 있는가? 예수 그리스도의 말씀을 읽고 묵상하며, 하나님께 기도하고 있는가?

　예수님이 다시 오실 때, 믿음을 보시겠다고 하셨다. 말씀과 기도로 예배로 믿음을 지키며 성장하며 자라나길 바란다. 세상을 이기는 자, 예수 믿는 자는 삼위 하나님 안에서 코이노니아의 삶, 영원한 생명이 있음을 아는 삶이다.
　찬양을 드린다.

보아라 즐거운 우리 집(235)

1. 보아라 즐거운 우리집 밝고도 거룩한 천국에
   거룩한 백성들 거기서 영원히 영광에 살겠네
   거기서 거기서 기쁘고 즐거운집에서
   거기서 거기서 영원히 영광에 살겠네
2. 앞서간 우리의 친구들 광명한 그집에 올라가
   거룩한 주님의 보좌앞 찬미로 영원히 즐기네
   거기서 거기서 기쁘고 즐거운집에서
   거기서 거기서 찬미로 영원히 즐기네
3. 우리를 구하신 주님도 거룩한 그집에 계시니
   우리도 이세상떠날때 주님과 영원히 살겠네
   거기서 거기서 기쁘고 즐거운집에서
   거기서 거기서 주님과 영원히 살겠네
4. 우리의 일생이 끝나면 영원히 즐거운 곳에서
   거룩한 아버지 모시고 기쁘고 즐겁게 살겠네
   거기서 거기서 기쁘고 즐거운집에서
   거기서 거기서 기쁘고 즐겁게 살겠네

03
하나님 나라 이야기 묵상의 글

약속, 언약에 대하여

"약속했습니다."라고 말한 후에 악수하거나, 포옹을 하기도 한다. 약속은 인간관계의 기초이다. 약속을 지켜가면서 상호 신뢰를 이루게 된다.

인간 사회에서의 삶은 약속을 기반으로 함께 살아가고 있다.
나는 약속을 잘 지키는 사람인가?

한 사람과 한 사람이 만날 때, 언제, 어디서 만나자고 미리 협의하여 정한다. 이것을 약속(約束)이라 한다. 앞으로 어떻게 할 것인지에 관해서도 논의한 후에 약속한다. 인간은 인간과 기준과 방안을 협의하여, 약속을 기반으로 기획하고 설계하며 의사 결정을 통해 인간관계의 과제들을 실행한다.
한 가정을 이루기 위해 한 남성과 한 여성이 만나 사귀고, 삶의 가치관을 공유하고 사랑하여 미래를 약속하는 결혼을 할 때, 맹세하고 약속하는 서약(誓約)을 하고, 서약서를 공포하고 공유한다. 살면서 자신이 한 약속을 늘 기억하며 살기도 하고, 가끔 잊어버리기도 한다.

하나님께서도 하나님 나라를 이루시는데 인간에게 약속하셨다.

이를 언약(言約)이라 한다.

　하나님께서는 천지 만물을 지으시고 인간을 하나님의 형상과 모양으로 만드시고 온 피조물을 다스리도록 명령하시며 생육하고 번성하고 땅에 충만하며 땅을 정복하라고 하셨다.

　하나님은 인간을 축복하셨다. 그러나 인간은 하나님께 죄를 지어서 하나님과 멀어졌다. 하나님께서는 하나님의 이름을 부르고 예배하는 공동체로 하나님 나라를 이루시고자 한다. 하나님께서는 그의 종과 선지자를 통해 인간을 구원하는 복음을 전하였다. 하나님께서는 하나님 나라를 실현하기 위해 하나님의 법을 자기 백성과 언약하셨다. 구약 성경은 하나님의 언약에 관하여 기록하고 있다. 하나님께서 하나님 나라를 이루신다. 하나님의 언약을 알고, 믿고 기억하는가? 언약은 역사를 거치면서 새롭게 약속을 하기도 한다. 새 언약까지 언약하신다.

　예수 그리스도께서 새 언약을 성취하셨다.
　신실하신 하나님께서 역사 속에서 하나님의 계획, 말씀, 계시, 언약으로 하나님 나라를 이루어 가신다.

"하나님의 형상과 모양"에 대하여

"나는 어디에서 왔는가?"라는 질문을 초등학교 시절에 했다.

나의 기원은 하나님인가? 원숭이인가? 창조인가? 진화인가?
"자녀들에게 어떻게 가르쳐야 하는가?"라는 질문을 스스로에게 해 본다.
"하나님이 우리의 형상과 우리의 모양대로 우리가 사람을 만들고 그들로 바다의 물고기와 하늘의 새와 가축과 온 땅과 땅에 기는 모든 것을 다스리게 하자" 말씀하셨다(창 1:26). 이어서 "하나님이 자기 형상 곧 하나님의 형상대로 사람을 창조하시되 남자와 여자를 창조하시고, 하나님이 그들에게 복을 주시며 하나님이 그들에게 이르시되 생육하고 번성하여 땅에 충만하라, 땅을 정복하라, 바다의 물고기와 하늘의 새와 땅에 움직이는 모든 생물을 다스리라"라고 말씀하셨다(창 1:27-28).
이 "형상과 모양대로"의 의미를 바르게 알고자 빅터 해밀턴(창세기 1, NICOT, 임요한 역, 부흥과개혁사, 142-148.)의 내용을 인용한다. 신학적 용어를 불가피하게 인용, 사용하게 된다.

형상은 히브리어 성경에서 '쩰렘'이고, 70인역에서는 '아이콘', 영어 성경에는 '이미지'로 표현한다. 성경은 '쩰렘'이 파

괴되어야 할 우상의 형상을 묘사하는 데 여러 번 사용된다(민 33:52; 왕하 11:18, 대하 23:17; 겔 7:20, 16:17, 23:14, 암 5:26). 우상의 형상에 관해서 언급할 때도 동일하게 '쩨렘'을 사용했다. 이는 '형상'에 신의 본질이 포함되어 있기 때문이다(존 월튼 외 2인, 성경배경주석 구약, IVP, 39). 시편 39편 6절(개혁개정)에서 '쩰렘'은 '헤벨(헛된 일)'과 평행을 이룬다.

창세기 1장은 단순히 '사람'을 묘사하기 위해 왕의 용어를 사용하는 것일 수도 있다고 해밀턴이 주장했다. 하나님이 보기에는 모든 인류가 왕족이다. 왕만이 아니라 모든 인류가 하나님과 연관이 된다. 성경은 이스라엘을 둘러싼 민족들의 왕 중심적인 배타적 개념을 대중화시킨다.

모양이 형상보다는 덜 중요하다. 인간을 정확하게 하나님과 똑같은 형상으로 볼 가능성을 피하고자 '데무트'(모양)이라는 단어를 추가한다. 에스겔 1-10장에서 하나님을 보았다고 하지 않고, 하나님의 '데무트'(모양)를 보았다고 한다. 이는 하나님의 신현을 묘사하기 위함이다(겔 1:5, 10, 13, 22, 26, 28; 8:2; 10:21, 22).

창세기 1:26의 인간 안에 있는 하나님의 형상이 무엇인지에 대하여 수없이 많은 정의들(양심, 영혼, 이성, 기도를 통해 하나님과 교제하는 능력, 사고방식 등)이 제시되어 왔다. 박윤선은 "형상에 따라" 사람을 지었다는 것은 사람이 하나님을 알 수 있도록 지었다고 해석했다(박윤선, 성경주석 창세기, 영음사, 84). 고던 웬함 (고던 웬함, WBC 창세기, 박영호 역, 솔로문, 125)은 형상은 사람이 하나님을 닮게 만드는 자연적인 특성들(예로 이성, 인격 등)로, 모양은 구속받은 사람을 신과 같이 만드는 초자연적 은총들(예로 윤리적인 것)로 주장했다. 덧붙여, 형상은 땅에서 하나님의 대리 통지자가 되게 한다고 설명했다. 해밀턴은 제시된 정의들 대부분이 객관적인 주해가 아니라 주관적인 추론에 근거한다고 주장했다.

창세기 1:26-28의 문장에서 '형상'의 단어 의미를 바르게 해석하기 위하여, 구약 성경에서 단어 사용 용례와 본문의 문맥상에서 의미를 살펴본다.

형상은 사물이나 인격체의 속성들이 겉으로 드러나는 총합이다. 창세기 1:26은 하나님의 형상으로 창조된 인간이 창조주와 관계를 진술하는 것으로 시작해서, 이제는 인간이 나머지 창조된 질서를 맺는 관계를 설명하는 데 나아간다. 인간은 모든 다른 생물을 지배해야(히, '라다') 한다. 이 동사는 칼형으로 22회 나오는데, 대부분 인간관계(고용된 종을 다스리는 주인-레 25:43, 46, 53, 피고용인을 관리하는 고용인-왕상 5:16(개역 개정), 9:23, 신하를 다스리는 왕-왕상 4:24(개역개정), 시 72:8, 110:2)이고, 한 나라가 다른 나라를 지배하는 것(레 26:17, 민 24:19, 느 9:28, 시 68:27(개역 개정), 사 14:2, 6, 겔 29:15), 또한 가축 떼를 돌보는 목자(겔 34:4)와 관계된다. 형상은 "다스려라."로, 다스림과 통치와 관계된다고 볼 수 있다.

또한, 하나님께서 '인간'에게 성을 구별하여 창조한 특징을 말씀하신다. '인간'을 종으로(즉 '그 종류대로' 또는 '모든 종류의') 나뉘지 않았다. "남자와 여자"로 창조했다. 모두 하나님의 형상으로 창조되었고, 가정을 이루고 자녀를 낳는다. 하나님 형상의 재생산은 인간에게 준 하나님의 복이다.
"형상"의 단어가 하나님의 형상과 우상의 형상에 모두 사용됨에 공통점이 있다. 월튼 존은 그 형상이 하나님 대신 어떤 것을 제공할 뿐만이 아니라, 하나님과 같이 되고 하나님과 같이 행동할 수 있는 능력이 있고, 양심, 자기 인식, 영적 분별력 등이 있다고 주장했다.

인간은 하나님의 형상으로 하나님의 뜻대로 살도록 창조하셨지만, 죄로 인하여 하나님과 멀어졌다. 이후 사람은 하나님을 경외하는 셋 계열과 하나님을 대적하는 가인 계열로 나누어졌다. 사단의 거짓말로 인해 죄를 짓고 하나님이 아닌 우상을 섬기는 사람들, 힘으로 세상을 지배하는 사람들이 많이 생겨났다.

하나님의 형상으로 창조한 사람에게 하나님의 생기를 불어넣어서 하나님께서는 하나님의 뜻에 순종하도록 하셨다. 그러나 자유의지가 있는 인간은 뱀(사탄)의 거짓말에 속아 죄를 짓게 된 것이다. 그리고 아담의 아들인 가인이 그의 아우 아벨을 죽인다. 이는 가인이 죄를 스스로 다스리지 못해서이다. 하나님께서는 가인이 죽인 아벨 대신에 셋을 주시고, 셋도 아들 아모스를 낳게 된다. 그때 여호와의 이름을 부르고 하나님을 경외하는 예배 공동체가 생긴다. 구약에서 하나님께서는 죄인인 사람을 구원하는 방법으로 제사를 알려 주신다.

창세기 1:26-27에서 하나님은 하나님의 형상으로 인간을 창조하신 후에, "정복하라"에서 "다스리라"라고 추가 말씀하신다(창 1:28). 사람은 땅을 정복하고 다스려야 한다. 천지 만물의 모든 것이 하나님께서 창조하신 하나님의 것이다. 그런데 사람에게 정복하고 다스리도록 하셨다. 이는 하나님이 인간에게 주신 정체성과 사명이다. 이를 위하여 하나님의 형상과 모양대로 창조하신 것이다. 즉 이 땅의 다른 모든 동물을 통치하는 일은 하나님이 하나님의 사람에게 위임하신 일이다. 그러므로 하나님의 뜻대로 사용해야 한다.

본문 창세기 1:26-28의 "형상" 사용의 문맥과 구약 성경에서 사용한 단어의 용례를 살펴보아, 하나님의 형상은 대리 통치자로서 인간의 정체성과 사명을 수행에는 데 깊은 관련이 있음을 알 수 있다.

하나님의 모양은 형상이 존재하는 형태로 사람이 하나님을 인식

할 수 있도록 함에 있다. 사람의 최고 가치는 하나님의 형상과 모양을 그대로 하나님께로 반사하는 영광에 있다. 그대로 반사함이 가치가 된다. 그 가치는 하나님께로 온 것이며, 하나님께로 되돌려 드리는 것이 예배(worship)이다. 하나님께서는 인간과의 관계 속에서 하나님께 예배하도록 인간을 만드셨다.

다소 전문 용어를 사용하여 하나님의 형상과 모양에 관하여 살펴보았다.

인간은 하나님의 형상과 모양대로 만들어졌기에, 웨스트민스터 대교리문답 1문은, "사람의 제일되고 가장 높은 목적은 하나님을 영화롭게 하고, 영원토록 그를 온전히 즐거워하는 것이다."라고 한다.

하나님의 형상과 모양으로 만들어진 인간은, 그대로 하나님께로 반사하는 영광에 있으며, 하나님의 뜻에 순종하고, 예배하는 공동체로 살아가야 한다.

인간의 죄와 구원에 관하여

한 사람을 알고 사랑하고 싶다.
태초의 한 사람을 알고 사랑하고 싶다. 그리고
인간 역사의 변화를 이룬 또 한 사람을 알아보고 싶다.

인간에게는 원죄(原罪)가 있다. 그 죄를 알아야 한다. 하나님께서 태초에 천지 만물을 창조하셨다. 하나님께서 인간을 하나님의 형상과 모양으로 창조하시되 남자와 여자를 창조하셨다. 하나님께서 축복하시고 인간에게 하신 말씀을 어긴 죄가 원죄이다.

하나님께서는 인간을 에덴동산에 두고, 그 에덴동산에 아름답고 먹기 좋은 나무, 생명 나무, 선악을 알게 하는 나무를 있게 하셨다. 동산의 각종 나무의 열매를 먹되 선악을 알게 하는 나무는 먹지 말라 하셨고, 먹으면 반드시 죽으리라 말씀하셨다(창 2:16-17).

간교한 뱀이 여자에게 동산의 모든 나무 열매를 먹지 말게 했느냐고 묻고는, "결코 죽지 않으리라", "눈이 밝아진다", "선악을 알게 된다", "하나님 같이 된다"라고 유혹한다. 인간은 하나님의 명령을 어겨서 죄를 짓게 된다. 이로 인해 영생불사의 종교, 이성과 합리와 과학주의, 도덕과 율법주의 및 행위 구원, 범신론적 신비주의와 합일 주의가 생겨나게 된다.

한 사람이 죄를 범했다. 인간은 죄를 지어서 하나님과 분리되는 죽음을 맞이한다. 인간은 죄를 지었다. 그런데 하나님께서는 인간을 구원하기 위하여 원시 복음을 전하신다. 뱀, 즉 사탄이 여자와 원수가 되게 하고, 뱀의 후손이 여자의 후손과 원수가 되게 한다. 여자의 후손은 뱀의 머리를 상하게 할 것이고, 뱀은 여자의 발꿈치를 상하게 한다(창 3:15). 여인의 후손, 한 사람을 준비하셨다.

성경은 이 구원 계획의 역사가 구속사 관점에서 기록되어 있다. 하나님은 인간과 언약을 세우고, 새 언약을 맺으며 언약 관점에서 하나님의 계획을 이루어 가신다. 하나님께서는 인간의 죄로 발생되는 일반 역사에 대응하여 창조 원리에 기반을 둔 하나님 나라를 이루신다. 하나님 나라는 하나님을 예배하는 공동체이다. 셋 계열에서 노아를 부르고, 아브라함을 부르심으로 이루어 가신다.

인간의 죄는 인간이 잘못 보고, 잘못 듣고, 잘못 생각함으로써 발생하였다. 하나님의 말씀을 잊고, 바르게 기억하지 못하며, 경외하지 못함으로 일어났다.

여인의 후손, 한 사람으로 구원의 길을 여시고자 하셨다. 하나님은 하나님의 사람을 통하여 말씀을 전하고 행하도록 하셨다. 말씀을 듣고 순종하는 것은 구원의 길이고, 바르게 듣고 깨우치는 것이 은혜이다. 하나님을 아는 것이 지혜이다.

원시 복음이 이루어지는 것은 예수 그리스도를 통해 이루어진다. 예수 이름의 뜻은 자기 백성을 그들의 죄에서 구원할 자이심이다

(마 1:21). 구약은 여러 모양과 여러 형태로 오실 예수님을 말씀하고, 신약은 오신 예수님과 다시 파르시아(재림)하실 예수님을 말씀한다.

인간의 죄를 해결하신 분은 예수님이시다. 오신 예수님, 한 사람이 십자가에 죄인을 대신하여 죽어주시고 대속하셨다. 죄 없으신 한 사람은 부활하고 승천하셨다. 다시 오신다고 말씀하시고 하늘로 올라가셨다.

아들을 낳으리니 이름을 예수라 하라 이는 그가 자기 백성을 저희 죄에서 구원할 자이심이라 하니라(마 1:21)

이르되 주 예수를 믿으라 그리하면 너와 네 집이 구원을 받으리라 하고(행 16:31)

네가 만일 네 입으로 예수를 주로 시인하며 또 하나님께서 그를 죽은 자 가운데서 살리신 것을 네 마음에 믿으면 구원을 얻으리니(롬 10:9)

사탄의 거짓말로 지은 인간의 죄 영향

어릴 적에 두려움은 어디에서 왔는가?
귀신에 관한 두려운 이야기를 들었다.

귀신, 사탄은 무엇을 하는 존재인가?

이 시대 정치 사회 전반에 거짓말이 난무하고, 거짓으로 선동하고 비방하는 현실을 듣는 세상 속에 살고 있다. 그래서 태초의 거짓말에 속은 인간이 어떤 결과를 맞이했는지를 묵상하며, 하나님이 원하시는 길을 알아보고자 한다.

창세기 3:1-13의 내용을 보자. 뱀은 간교하다. 창세기 뱀 이야기의 뱀은 사탄이다. 그 뱀이 여자에게 "동산의 모든 나무를 먹지 말라 하시더냐?"라고 한다. 여자는 뱀에게 말하기를 "동산 나무의 열매를 우리가 먹을 수 있으나 동산 중앙에 있는 나무는 하나님의 말씀에 너희는 먹지도 말고 만지지도 말라 너희가 죽을까 하노라"라 말씀하였다고 대답한다(창 3:4). 뱀이 여자에게 "결코 죽지 않는다", "너희가 그것을 먹는 날에는 눈이 밝아진다." "하나님과 같이 된다.", "선악을 알게 된다."와 같이 거짓말을 한다(창 3:4-5). 이 거짓말에 속은 여자는 그 나무를 본즉 먹음직도 하고 보암직도 하며 지혜롭게 할 만큼 탐스럽기도 한 나무인지라 그 열매를 따서 먹고 함께 있는 남편에게도 주어 그도 먹는다. 이로써 인간은 하나님의 말씀에서 벗어나서, 하나님이 하나님이심을 인정하지 않는 사람이 생겼다. 즉 하나님이 창조주이시고 왕이심의 왕권을 거부하게 되었다. 아담과 하와는 하나님의 부르심에 두려움을 가지고 숨게 된다(창 3:10). 아담은 하와에게, 하와는 뱀에게 탓을 한다(창 3:11-12). 사탄에게 속은 인간은 죄를 짓고, 그 죄를 남에게 돌리게 된다. 이 원죄로 여자의 후손은 뱀(사탄)의 후손과 원수가 된다. 거짓말하는 악한 사탄은 여자의 후손, 예수 그리스도의 발꿈치를 상하게 한다. 사탄은 여자의 후손인 하나님의 백성, 자녀들을 참소하고 하나님을 떠나서 세상에서 살도록 거짓말로 유혹한다. 인간은 고통 속에 살고 죽음을 맞이하게 된다.

사탄이 말한 4가지 거짓말로 나아간 새로운 종교, 사상, 철학 등의 세계관이 이루어졌다. "죽지 않는다."라는 영생불사의 종교를 만들게 된다. "눈이 밝아진다."라는 이성주의, 합리주의, 과학주의로 나아간다. 자신이 왕이 되고자 한다. "선악을 알게 된다."라는 도덕주의, 율법주의, 행위 구원이 발생한다. "하나님 같이 된다."라는 범신론적 신비주의, 범신론적 합일 주의가 발생한다. 이 모든 세계관은 창조주 하나님을 인정하지 않고 믿지 않음에 기인한다. 인간은 거짓과 폭력으로 새로운 세상을 만들고자 하며, 하나님을 대적한다.

하나님은 하나님을 경외하고 예배하는 새로운 자녀를 주시고, 거듭난 부르심을 받은 자기 백성을 통하여 하나님 나라를 이루어 나가신다. 하나님의 자녀는 사탄이 거짓말로 지금도 사단이 인간을 움직이고 있음을 알아야 한다.

사탄에 관한 신약의 말씀을 읽고 묵상하며 사탄의 존재를 아는 지혜를 얻고자 한다.

이미 사탄에게 돌아간 자들도 있도다(딤전 5:15).

네가 어디 사는 것을 내가 아노니 거기는 사탄의 권좌가 있는 데라 네가 내 이름을 굳게 잡아서 내 충성된 증인 안디바가 너희 가운데 곧 사탄의 거하는 곳에서 죽임을 당할 때에도 나를 믿는 믿음을 저버리지 아니하였도다(계 2:13)

큰 용이 내쫓기니 옛 뱀 곧 마귀라고도 하고 사탄이라고도 하며 온 천하를 꾀는 자라 그가 땅으로 내쫓기니 그의 사자들도 그와 함께 내쫓기니라(계 12:9)

사탄은 지금도 존재하고 있다. 사탄은 지금도 거짓말을 하고, 인간의 생각을 타고 유혹하고 있다.

선악과, 그것이 알고 싶다

선악과 열매는 사과인가? 배인가?

선악과의 참 의미는 무엇인가? 왜 성경에 선악과 이야기를 기록하고 있는가?

어느 설교자가, "창세기의 선악과"에 관하여 말씀하시는 중에 "선악과 먹은 것을 토해내야 한다. 선악과는 반납되어야 한다"라고 듣는 순간, 놀랐다. 왜냐하면 선악과의 의미에 관해 아주 다른 해석을 전했기 때문이다.

선악과의 의미에 대하여, "어? 성경이 읽어지네! (신약)"(이애실 저, 성경방, 310-330)의 교재 내용을 살펴 인용한다. 이애실은 '선악과'가 성경의 귀결로 설명한다. 하나님의 진리를 깨달았다면, 그 왕의 통치를 받아야 한다. 선악과의 진수는, "그렇지만 진짜 왕은 나다!"에 있다. 하나님을 거부한 인류에게는 하나님은 필요하기는 하지만 부담스러운 존재였다. 그 사람들은 하나님을 보좌에서 끌어내리고, 인간의 입맛에 맞는 우상을 창조했다.

하나님께서는 하나님의 왕권을 역사 속에서 주장했다. 하나님은 홍수와 언어로 심판하고 흩으셨다. 때로는 유황불로, 전쟁으로, 지진으로, 때로는 내버려 두심으로 하나님의 살아계심을 선언하셨다. 하나님을 떠난 인류 역사 속에서 '은혜를 입은 자'들을 불러 하나님 나라를 세우신다고 말씀하셨다. 주인인 하나님의 말을 듣지 않았던 왕들에게 선지자들을 보내 "망한다"라고 심판의 메시지를 외치게 하셨다.

구약은 진리를 외치고 있다. 이 진리의 클라이맥스는 그 왕이 직접 인류의 역사에 오셔서 개입하신 '예수'이시다. 구원자이신 예수님께서 자신이 십자가에서 죽어주셨다. 성경은 이 사건을 '사랑'이라고 말씀한다. "하나님이신 예수님의 죽음", 즉 하나님 나라 왕의 사랑에 충격을 받고 감사한다. 완전한 인간으로 육체를 입으셨다가 죽으셨지만, 죄 없으므로 부활하셨다. 예수 그리스도는 진리이다. 성경, 특히 요한서신은 사랑 때문에 진리를 희생하지 말아야 한다고 말씀한다.

'선악과'는 성경 전체에 흐르는 "하나님의 통치권"을 의미한다. 하나님이신 진짜 왕의 통치를 받자는 것이 '선악과'이다. "선악과 명령" 앞에 붙어 있는 근본적인 명령은 "축복한다. 사랑한다. 생육하고 번성하라"이다. 근본적인 명령은 "축복한다"로 사랑, 은혜이다.

선악과는 하나님께서 창조 작업을 마무리하시면서 "내가 너를 만들었어!", "선악과를 볼 때마다 내가 있다는 것을 알 수 있을 거야, 잘됐지? 이것이 이상하니?"라는 의미를 알려주셨다.

창세기 2:15, 첫 번째 명령은 "인간은 무엇을 하며 살아야 하는 존재인가"라는 명제를 요약한다. 창세기 2:17, 두 번째 명령은 "인간은 누구인가?"라는 명제이다. 하나님의 형상을 지닌 사람은 자기 사명을 자각하고 그것을 위하여 살아가야 하며, 진짜 주인이 자기가 아니라 창조주 하나님인 것을 알고 살아야 한다. 만물을 다스리는 통치권을 이양받은 사람이 만물을 다스릴 수 있지만, 오직 하나님의 통치 아래 살아야 한다.

인간은 하나님의 형상으로 자율을 갖고 선택하며 살아야 하는 영광스러운 존재이다, 영광의 면류관이다. 이를 증명하는 물증이 선악과이다. 하나님이 주권자이시다. 가장 바람직한 신인 관계로 인간은 하나님의 권위 아래에 있음을 선언하는 것이다. 이를 분명히 하자라고 하는 것이 하나님의 생각이다. 선악과는 오히려 자신의 신분을 깨닫게 하는 안전장치였다.

선악과의 명령은 실행 불가능한 명령이 아니다. 또한 그 명령은 단 한 번 수행으로 끝나버리는 일회성 명령도 아니다. 독이 들어 있는 이상한 열매도 아니다. 고상한 주제도 아니다.

선악과는 일상생활 속에 '먹는 문제'이다. 이 문제는 늘 기억하고 있어야 한다는 것이다. 먹는다는 것은 생명이 걸린 문제이다. "사람이 떡으로만 살 것이 아니요. 하나님의 입으로부터 나오는 모든 말씀으로 살 것이라"(마 4:4). 첫째 아담과 둘째 아담은 같은 문제이다.

선악과가 없는 종교는 인기 있는 종교이다. 즉, "신이시여 나에게 요구하지 마소서. 그러나 내 요구는 모두 응답하소서!"라고 한다. 이는 "첫째, 우리 종교의 신은 아무것도 요구하지 않는다. 하라, 마라가 없다. 둘째, 그러나 신도가 원하는 것은 모두 해 준다." 기복주의적 물질주의 신앙이다. 주술 신앙, 우상 종교, 선악과 없는 기독교 신앙이 있다.

예수 그리스도와 연합하고 관계하는 것이 사는 길이자 생명이다. 예수님의 다락방 강론, 포도나무 강론을 바르게 알기를 원하는 새벽이다. 하나님 나라가 임하는 하나님 자녀의 삶이 복되다. 하나님의 통치를 받는 삶을 살아가야 한다.

하나님의 나라와 관련된 선악과 의미를 알고자 했다. 첫 아담은 선악과 나무, 마지막 아담은 십자가 나무이다. 선악과가 요구하는 결과는 순종이다. 하나님의 나라는 하나님의 통치에 순종이다.

왜 노아 홍수가 일어났을까?

우리나라는 여름이 되면 홍수가 일어난다.

비가 많이 오는 날에는 어떤 생각이 드시는가? 나는 큰 홍수가 난 해에 태어났다. 어머니는 저를 낳으시고 그 홍수 가운데, 밭으로 나가 일을 한 그 시절 이야기를 몇 번이고 말씀하셨다.

하나님 나라의 역사에, 노아 홍수 사건을 기록한 목적은 무엇인가?

노아 홍수가 왜 일어났는가? 창세기 6:1-8을 보자.

6:1 사람이 땅 위에 번성하기 시작할 때에 그들에게서 딸들이 나니 6:2 하나님의 아들들이 사람의 딸들의 아름다움을 보고 자기들이 좋아하는 모든 여자를 아내로 삼는지라 6:3 여호와께서 이르시되 나의 영이 영원히 사람과 함께 하지 아니하리니 이는 그들이 육신이 됨이라 그러나 그들의 날은 백이십 년이 되리라 하시니라 6:4 당시에 땅에는 네피림이 있었고 그 후에도 하나님의 아들들이 사람의 딸들에게로 들어와 자식을 낳았으니 그들은 용사라 고대에 명성이 있는 사람들이었더라 6:5 여호와께서 사람의 죄악이 세상에 가득함과 그의 마음으로 생각하는 모든 계획이 항상 악할 뿐임

을 보시고 6:6 땅 위에 사람 지으셨음을 한탄하사 마음에 근심하시고 6:7 이르시되 내가 창조한 사람을 내가 지면에서 쓸어버리되 사람으로부터 가축과 기는 것과 공중의 새까지 그리하리니 이는 내가 그것들을 지었음을 한탄함이니라 하시니라 6:8 그러나 노아는 여호와께 은혜를 입었더라

하나님의 사람인 셋 계열과 사람의 딸들인 가인 계열, 그들이 섞였다고 성경은 기록한다. 셋 계열은 하나님의 통치를 받는 초대 인류 예배 공동체이다. 셋 계열은 전도해야 할 공동체로 복음을 전해야 한다. 예배 공동체는 죄악된 세상과 살면서도 세상과 섞여서는 안 된다. 가인 계열은 말씀을 전하여 하나님께로 돌아오도록 해야 한다.

노아 홍수 이야기는 교회론이라고 할 수 있다. 노아 홍수가 일어난 이유는 셋 계열과 가인 계열이 섞였기 때문이다. 교회론과 관련하여 인용(성경 핵심 교리, 웨인 그루템 저, 제프 퍼스웰 편집, 박재은 역, 솔로몬, 569-586)하여 알아본다. 교회는 하나님을 믿는 참된 신자의 공동체이다. 세상의 가시적 교회는 항상 불신자가 일부 포함되어 있다. 우리는 사람의 속마음을 볼 수 없지만, 하나님은 자기 백성을 아신다(딤후 2:17-18).

신약에서 주님께서 거짓 선지자를 삼가라(마 7:15-16)라고 하셨다. 그리고 "오직 성령이 너희에게 임하시면 너희가 권능을 받고 예루살렘과 온 유대와 사마리아와 땅끝까지 이르러 내(예수 그

리스도) 증인이 되리라"라고 하셨다(행 1:8). 사도바울은 "그리스도와 교회"와의 관계를 남편과 아내 관계로 표현했다(엡 5:32).

교회는 예배 공동체뿐만이 아니라 신령한 집으로 세워지고 예수 그리스도로 말미암아 신령한 제사를 지내는 거룩한 제사장인 것이다(벧전 2:4-5). 참된 교회는 세례와 성찬의 성례가 이루어지고, 권징이 이루어져야 한다. 교회의 목적은 예배, 신자의 양육, 복음 전파와 선교이다. 하나님의 백성이 세상과 섞이면 가시가 되고 정복당한다. 섞이면, 우상 숭배하여 망한다. 선지자들은 섞인 부패한 백성을 향하여 눈물로 몸으로 말씀을 전하나, 백성은 듣지 않았다.

노아 홍수 사건은 창세기에서 말라기까지, 그리고 신약의 요한계시록까지 이어져 흘러간다. 노아 홍수는 실제 역사적 사건이며, 성경 전체에서 중요한 사건이다. 이 사건은 오늘도 우리에게 말씀하고 있다. 하나님의 백성으로, 하나님의 자녀로서 정체성을 가르쳐 준 역사이다.

하나님 나라의 국민은 어떤 사람인가?

"선생님, 국적이 어디인가요?" 외국인과 만날 때, 주고받는 질문이기도 하다.

성경을 읽게 되면, 하나님 나라에 관한 질문을 하게 된다. 하나님에 관해서는 하나님께서 알려 주셔야만 알 수 있다. 하나님께서 성경을 통해서 특별히 하나님에 관하여 알려 주시고 있다.

특별히 창세기에서 하나님께서 우주 만물을 창조하시고 역사 속에서 통치하심을 말씀한다. 창조, 타락, 노아 홍수, 바벨탑 사건으로 이어지는 인류의 일반 역사가 있었다(창 1-11장).

나라의 요소는 국민, 법, 영토이다. 바벨탑 이후에 하나님은 하나님 나라의 요소 중에 국민 만들기로부터 시작하신다.

하나님 나라는 하나님께서 아브람을 부르심으로 시작된다(창 12:1). "12:1 여호와께서 아브람에게 이르시되 너는 너의 고향과 친척과 아버지의 집을 떠나 내가 네게 보여줄 땅으로 가라" 하나님께서는 아브람(아브라함)이라는 한 사람을 택하여 하나님 백성을 만드신다. 아브라함은 아담, 셋, 노아, 셈으로 이어진 사람이다(창 4-5장, 10-11장). 아브람이 살았던 우르는 수메르 문화의 중심이었다. 아브라함이 살았던 시기는 기원전 2,000년이며, 지역은 인류의 최초 문명지인 메소포타미아 갈대아 우르 지역으로 그 시대는 청동기 흥왕기였다. 그때 지구라트 신전, 법조문, 도장, 정교한 액세서리, 게임기 등 다양한 문화가 있었다.

하나님께서 아브라함 한 사람을 선택하여 부르시고 언약하셨다 (창 12:2-3). "12:2 내가 너로 큰 민족을 이루고 네게 복을 주어 네 이름을 창대하게 하리니 너는 복이 될지라 12:3 너를 축복하는 자에게는 내가 복을 내리고 너를 저주하는 자에게는 내가 저주하리니 땅의 모든 족속이 너로 말미암아 복을 얻을 것이라 하신지라" 하나님께서는 아브라함에게 "큰 민족을 이루고"라고 말씀하셨다.

하나님 나라 첫 사람, 아브라함은 "복의 근원"으로 말씀한다. 여기서 '복'의 정의는, "하나님 나라의 백성, 하나님 나라의 국민"이 되는 복이다.

"누가 하나님 나라 백성인가?"라는 질문에 대하여 아브라함, 야곱, 요셉에게서 하나님의 나라 백성의 특징을 알고자 한다. 이어서 신약 예수님의 비유에서 하나님의 백성이 어떤 백성인지 알게 되길 원한다.

첫째, 아브라함과 같은 사람, '믿음'의 사람이다. '믿음'으로 하나님 나라 국민이 된다. 이는 구원의 서정에서 선택한 백성을 부르시고 거듭나게 하며 회개하고 믿음을 가진 사람이다. 이 사람을 그리스도의 의로 칭의하고 양자 삼아, 성화를 이루어 간다. 견인하여 영화롭게 한다. 하나님의 절대주권으로 이루어지나 인간이 듣고 응해야 할 바도 있다. 아브라함은 부르심에 순종한 사람이다.

둘째, 이삭과 같이 '하나님으로 난 사람'이다. 이삭은 제물로 드려졌다. 그러나 이는 대속하는 십자가, 부활하는 예수 그리스도를 보여준다. 하나님의 주권은 인간이 자기 의지로 살아도, 하나님이 이루어지신다. 부자 관계의 하나님을 아는 자가 하나님의 백성이다.

셋째, 야곱, '이스라엘'과 같이 선택된 백성이다. 야곱과 에서 중에서 야곱을 사랑했다(말 1:2). 선악과 사건 이후에 하나님의 이름을 부른 사람들은 "은혜를 입은 자들"이다. 셋, 에노스. 에녹, 노아와 같은 하나님의 사람이다. 절대주권으로 예수 그리스도의 속량으로 구원된 자는 하나님의 은혜로 값없이 의롭다고 하심을 입는다(롬 3:24).

예수님께서는 종려주일을 지나고 월요일 성전 청소를 하고, 화요일 대제사장과 장로들과 논쟁 시에 예수님의 권위에 관한 질문에 비유로서 설명했다. 첫째 비유에서 아버지의 뜻대로 행하는 둘째 아들과 세리와 창녀같이 믿는 자가 하나님 나라에 들어감을 설명했다. 둘째 포도원 농부 비유에서 하나님의 나라 백성을 설명했다.

그러므로 내가 너희에게 이르노니 하나님의 나라를 너희는 빼앗기고 그 나라의 열매 맺는 백성이 받으리라(마 21:43).

이 비유에서 하나님 나라의 백성은 열매 맺는 자 즉, 하나님의 뜻을 따르는 자가, 하나님 나라 상속을 받는다.

족보에 대하여

자신 조상, 족보 책을 보신 적이 있으신가요?

어릴 적 아버님이 족보를 보여주신 적이 있었다. 묘한 기분이 들었고, 자긍심이 생겼던 기억이다. 족보에서 자신이 어디에서 왔는지, 조상들을 알 수 있다. 족보의 의미는 무엇인가?

성경은 족보로 역사를 요약한다. 족보가 나오면 전환점이 왔다는 신호이다. 지금까지 이야기의 주인공은 족보의 첫 사람이고, 족보의 마지막 사람은 앞으로의 주인공이다.

성경에는 하나님의 사람과 하나님을 대적한 사람, 평범한 사람들의 이름이 기록되어 있다.

아담은 가인과 아벨을 낳았다. 가인이 동생 아벨을 죽였다. 인류 최초의 살인은 가인이 하나님의 경고를 듣고 화를 다스리지도 못했으며, "죄를 다스리라는 하나님의 말씀 약속을 지키지 않았다"라고 기록된다(창 4:6-7). 가인 계열의 후손들은 폭력과 힘의 논리로 살아가는 공동체이다. 역사적으로 하나님을 대적하는 공동체이다.

아벨 대신에 다른 씨, 셋에서 에노스를 낳고, 여호와 하나님의 이름을 부른다(창 4:25-26). 이를 셋 계열이라 하고 하나님을 예배하는 공동체이다.

성경은 이 두 계열이 있음을 기록한다. 인간의 죄악이 세상에 가득할 때 하나님은 노아 홍수로 심판하신다. 이때 셋 계열에서 노아를 찾는다. 노아에게 방주를 준비시키고, 구원하도록 하신다.

노아가 홍수 심판 후에 하나님과 언약하였다(창 9:16-17). 노아의 아들들은 셈과 함과 야벳이 있었다. 방주에서 나온 후에 노아는 포도주를 마시고 장막 안에서 벌거벗었다. 함의 아들 가나안은 노아의 수치를 드러냈다. 이에 가나안은 저주를 받았다. 함의 아들들 중에서 니므롯이 나왔다. 니므롯은 용사로서 힘에 의존했다. 니므롯이 바벨탑을 쌓고 바벨론 제국을 이룬다.

하나님은 아브람을 부르고 하나님 나라를 이루어 가신다. 아브람과 언약하신다. 아브라함 언약은 복이 되게 하는 것이다. 아브라함의 복은 하나님의 백성이 되는 구원받은 자녀가 되는 복이다. 모든 민족이 아브라함을 통하여 복을 받도록 하신다(창 12:1-3). 땅을 주고 민족을 이루도록 하신다.

마태복음 1:1, "아브라함과 다윗의 자손 예수 그리스도의 계보라", 이는 아브라함의 언약과 다윗 언약을 이루시는 예수 그리스도이심을 말씀하고, 셋 계열, 예배 공동체의 계보를 기록하여 알려준다.

족보는 하나님 나라 백성을 순차적이고 체계적으로 기록 요약하는 방식이다. 예수 그리스도를 믿음으로 아브라함의 영적 후손이 된다. 구약과 신약이 한 권의 책이 되어 연결된다. 예수 그리스도를 믿음으로 예수님 안에서 연합하여 구원받고, 하나님 나라 백성의 자녀로 영생을 이룬다.

찬양을 드린다.

내 갈 길 멀고 밤은 깊은데(379)

1. 내갈길 멀고밤은 깊은데 빛되신주 저본향집을 향해가는길
비추소서 내가는길 다알지 못하나 한걸음씩 늘인도하소서
2. 이전에 방탕하게 지낼때 교만하여 맘대로고집 하던이죄인
사하소서 내지은죄 다기억 마시고 주뜻대로 늘주장하소서
3. 이전에 나를인도 하신주 장래에도 내앞에험산 준령만날때
도우소서 밤지나고 저밝은 아침에 기쁨으로 내주를만나리
아멘

모세의 출애굽 주요 이야기

모세는 어떤 사람이었나? 모세는 위대한 지도자이다.

어떤 규모의 단위이든지 시대에 따른 지도자는 있었다.
한 시대의 위대한 인재는 민족과 나라를 구원하는 과업을 이룬다.

모세는 이스라엘 백성을 애굽에서 출애굽으로 이끈 지도자이다. 모세는 하나님을 만나고 출애굽을 이루어내는 과정과 여정을 겪었다. 모세의 출애굽 이야기를 통해 하나님 백성의 지도자와 하나님 나라 백성의 자세에 대하여 알아본다.

첫째, 모세는 시내 산에서 여호와 하나님을 만난다(출 1:1-4:17). 지도자는 하나님을 만나야 한다. 만날 만한 때와 만나는 장소가 있다. 모세는 어디서 어떻게 만나게 되었는가? 이를 알기 위해서는 모세가 쫓겨난 시대를 알아야 한다. 요셉이 총리인 시대는 셈족이였으나, 모세 시대에는 미츠라임(함족)의 정권으로 바뀐 시대적 상황이 있었다. 모세는 도망한 후에 자기 삶을 돌아보게 된다.

모세는 하나님의 산 호렙에서 떨기나무의 불 속에서 거룩하신 하나님을 만나고 경험한다(출 3:1-6). 시내 광야에서 양을 치면서 하나님을 만난 후에 하나님에 관한 신관을 가지게 되었다. 하나님의 이름을 알게 되었다. "אֶהְיֶה אֲשֶׁר אֶהְיֶה(예흐예 아쉘 에흐예).", "I am who I am.", "여호와 하나님은 스스로 있는 자"이다(출 3:14). 히브리 동사는 현재시제가 없다. 그러므로 "I shall be who I shall be. 나는 되고자 하는 대로 되는 나이다."라는 번역이 가능하다. 언약을 이룰 수 있는 분이다. 자존성과 전능성이다. 예수님께서는 "나는 길이요, 진리요, 생명이다.", "나는 생명의 떡이다.". "I am(나는 이다)"라고 하셨다. 여호와의 이름을 의식한다. 여호와의 이름을 아는 것이 출애굽기 내용의 핵심이다.

둘째, 하나님을 만난 모세는 하나님으로부터 고난 중에 있는 하나님의 자기 백성을 인도하라는 사명을 받는다(출 3:17). 모세는 떨기나무에서 하나님께 받은 사명을 이루고자 다시 애굽으로 간다(출 4:18-19:1).

셋째, 사명자 모세는 애굽에서 겪은 열 재앙 이후에 이스라엘 백성들을 이끌어 출애굽한다. 모세는 다시 시내 산에 도착하여 시내 산에서 하나님으로 언약을 맺는다(출 19장). 모세는 재앙과 재앙을 거치면서 하나님을 더욱 신뢰하게 된다. 그중에 두 재앙을 살펴보자. 일곱째 재앙은 우박이 내려오는 것이다. 그 재앙 전에 여호와의 말씀을 두려워하는 자들은 그 종들과 가축을 집으로 피하였다. 반면 알려주어도 여호와의 말씀을 마음에 두지 않았던 자는 그 종들과 가축을 들에 그대로 두어 재앙을 맞이한다(출 9:20-21).

하나님의 말씀을 듣는 자와 듣지 않는 자가 있다. 열째 재앙은 모든 처음 난 것들, 즉 바로의 장자로부터 옥에 갇힌 자까지와 가축의 처음 난 것을 다치니 죽임을 당한다(출 12:29-30). 이때 넘어가는 자는 살아남는다. 이를 기념하는 절기가 유월절이다.

모세는 출애굽 와중에 요셉이 이스라엘 자손에게 맹세하게 한, 요셉의 유골을 가지고 나간다(출 13:19). 하나님의 사람 모세는 약속과 사명을 기억하여 수행한다.
사명자는 사명을 수행하는 과정에 늘 어려움과 장애물이 있다. 하나님은 말씀을 신뢰하는 사명자에게 능력을 주시며, 하나님 나라의 역사를 이루어져 간다.

한편, 하나님 나라의 대적자가 항상 있음을 성경은 기록하여 말씀한다. 광야에서 특히 주목할 것은 아말렉과 광야 첫 싸움을 통해 정복 전쟁의 서막을 알리고, 여호수아에게 전쟁을 가르치는 것이다. 여호와는 모세에게 여호수아의 귀에 외워 들리도록 기록하게 하신다(출 17:14). 하나님 나라를 이루어 가는 데 기억할 것을 기록하며 기억해야 한다.

시내 산에서 하나님은 언약하셨다. 하나님께서는, "세계가 다 내게 속하였나니 너희가 내 말을 잘 듣고 내 언약을 지키면 너희는 모든 민족 중에서 내 소유가 되겠고(출 19:5), 너희는 내게 대하여 제사장 나라가 되며 거룩한 백성이 되리라"라고 말씀하셨다(출

19:6). 이는 시내 산 언약이자 정체성이자 사명이다. 이를 지키지 않아서 이스라엘은 어떻게 되었는가? 하나님의 백성은 하나님의 말씀과 하나님이 이루신 역사를 기억해야 한다. 하나님께서는 너희는 택하신 족속, 왕 같은 제사장들이요, 거룩한 나라요 하나님의 소유가 된 백성이라 말씀하신다(벧전 2:9). 거룩하신 하나님이시다.

넷째, 시내 산에서 십계명과 율법을 받고, 성막을 만들어 봉헌한다(출 20-40장).

모세는 언약의 피를 뿌리며 언약식을 한다(출 24:6-8). 그런데 금송아지 사건으로 언약이 파기된다(출 34:1-19). 거룩하신 하나님이시다. 이 사건의 의미를 깨달아져야 한다. 하나님의 사람 모세는 그들의 죄가 사해지도록 중보 기도한다(출 32:30-32). 모세는 주의 영광을 보기를 원하나 여호와 하나님께서는 하나님의 등만을 보여 주신다(출 33:18-23). 두 번째 돌판으로 다시 언약한다.

"여호와라 여호와라 자비롭고 은혜롭고 노하기를 더디하고 인자와 진실이 많은 하나님이라 인자를 천 대까지 베풀며 악과 과실과 죄를 용서하리라 그러나 벌을 면제하지는 아니하고 아버지의 악행을 자손 삼사 대까지 보응하리라"라고 심판에서 구원하신다(출 34:6-7). 이것이 하나님의 언약과 성품이다. 그런데 "벌은 면제하지 않으리라"는 말씀을 기억하여야 한다. 따라서 그리스도로 인하여 하나님의 자녀는 죄가 주장하지 못하도록 법 아래 있지 않고 은혜 아래 있어야 한다(롬 6:14). 둘째 해 첫째 달 곧 그달 초하루에 성막을 세운다(출 40:17). 거룩하신 하나님이시다.

구름이 회막을 덮이고 여호와의 영광이 성막에 충만하매 모세가 회막에 들어갈 수 없었으니 이는 구름이 회막 위에 덮이고 여호와의 영광이 성막에 충만하였기 때문이다(출 40:34-35). 함께하시는 하나님이시다. 거룩하신 하나님과 함께하게 된다. 하나님이 내재하는 하나님의 백성, 자녀들이다.

하나님의 영광 가운데 하나님 나라의 백성이 있다. 사람의 본분은 하나님께 영광을 드리며 기뻐하는 것이다.

모세는 하나님을 만났고, 하나님의 지시에 따라 이스라엘 백성을 출애굽으로 이끈 지도자이다. 모세오경을 기록하였다. 율법을 받고 전하고, 성막을 만들었다. 하나님이 어떤 분이신 지와 하나님이 하신 역사를 전했다.

시편 4권은 모세의 이름이 많이 나온다, 우주적 왕권을 노래한다. 모세는 광야에서 헤매고, 모세는 광야에서 직접 체험하고, 제2의 출애굽을 위해 기도했다.

시편 90:1-17
90:1 [하나님의 사람 모세의 기도] 주여 주는 대대에 우리의 거처가 되셨나이다
90:2 산이 생기기 전, 땅과 세계도 주께서 조성하시기 전 곧 영원부터 영원까지 주는 하나님이시니이다
90:3 주께서 사람을 티끌로 돌아가게 하시고 말씀하시기를 너희 인생들은 돌아가라 하셨사오니

90:4 주의 목전에는 천 년이 지나간 어제 같으며 밤의 한 순간 같을 뿐임이니이다
90:5 주께서 그들을 홍수처럼 쓸어가시나이다 그들은 잠깐 자는 것 같으며 아침에 돋는 풀 같으니이다
90:6 풀은 아침에 꽃이 피어 자라다가 저녁에는 시들어 마르나이다
90:7 우리는 주의 노에 소멸되며 주의 분내심에 놀라나이다
90:8 주께서 우리의 죄악을 주의 앞에 놓으시며 우리의 은밀한 죄를 주의 얼굴 빛 가운데에 두셨사오니
90:9 우리의 모든 날이 주의 분노 중에 지나가며 우리의 평생이 순식간에 다하였나이다
90:10 우리의 연수가 칠십이요 강건하면 팔십이라도 그 연수의 자랑은 수고와 슬픔뿐이요 신속히 가니 우리가 날아가나이다
90:11 누가 주의 노여움의 능력을 알며 누가 주의 진노의 두려움을 알리이까
90:12 우리에게 우리 날 계수함을 가르치사 지혜로운 마음을 얻게 하소서
90:13 여호와여 돌아오소서 언제까지니이까 주의 종들을 불쌍히 여기소서
90:14 아침에 주의 인자하심이 우리를 만족하게 하사 우리를 일생 동안 즐겁고 기쁘게 하소서
90:15 우리를 괴롭게 하신 날수대로와 우리가 화를 당한 연수대로 우리를 기쁘게 하소서
90:16 주께서 행하신 일을 주의 종들에게 나타내시며 주의 영광을 그들의 자손에게 나타내소서
90:17 주 우리 하나님의 은총을 우리에게 내리게 하사 우리의 손이 행한 일을 우리에게 견고하게 하소서 우리의 손이 행한 일을 견고하게 하소서

어느 광야에서 인간존재의 의미 알기

고해(苦海) 같은 세상에서 인간은 어떤 존재인지 알고 있으신가? "인간은 왜 사는가? 어떻게 살아가야 하는가?" 이런 질문은 나에게는 젊은 날이나 중년이나 노년의 때도 늘 하는 질문이다.

인간은 삶의 현실적인 문제에 바빠서 중요한 것을 잃어버리는 경우가 많다. 출애굽한 이스라엘 백성의 광야 생활에서 한 인간의 본질적 문제에 접근하여, 인간 삶의 본질적 답을 찾고자 한다.

민수기 13-14장의 가데스 바네아의 교훈 속에 하나님 나라 백성의 사명을 알아본다. 하나님께서 가나안 땅을 정탐하기 위해 정탐군을 보내도록 하셨다(민 13:1-2). 정탐 후에 정탐군은 이스라엘 온 회중에게 보고하고, 그 땅의 과일도 보였다(민 13:26). 10명의 정탐군의 보고에 따른 회중의 반응, 여호수아와 갈렙의 반응, 하나님의 반응, 모세의 반응을 듣고, 그 반응에 따른 하나님의 결정을 차례로 살펴본다(민 13:32-14:38).

첫째, 10명의 정탐군의 보고와 회중의 반응이다. 정탐군은 "거기서 본 모든 백성은 거인들이고 우리는 스스로 보기에 메뚜기 같다"라고 전한다(민 13:32). 이 보고에 들은 온 회중은 소리를 높여서 부르짖으며 백성들이 통곡한다(민 14:1).

둘째, 백성의 원망을 듣고 여호수아와 갈렙이 설명하는 여호수아와 갈렙의 반응이다. "여호와를 거역하지 말라 또 그 땅 백성을 두려워하지 말라 그들은 우리의 먹이라"라고 말했다(민 14:9). 그러자 온 회중이 그들을 돌로 치려고 하는데 여호와의 영광이 이스라엘 모든 자손에게 나타나셨다(민 14:10).

셋째, 하나님의 반응이다. 여호와께서 모세에게 "이 백성이 어느 때까지 나를 멸시하겠느냐 내가 그들 중에 많은 이적을 하였으나 어느 때까지 믿지 않겠느냐"라고 말씀하셨다(민 14:11). 그리고, "내가 전염병으로 그들을 쳐서 멸하고 네게 그들보다 크고 강한 나라를 이루게 하리라" 말씀하셨다(민 14:12).

넷째, 하나님의 말씀에 대한 모세의 반응이다. 모세는 여호와께 여짜오되, "애굽인 중에서 주의 능력으로 이 백성을 인도하여 내셨거늘 그들이 이 땅 거주민에게 전하는 그것은 여호와께서 자기 백성을 주기로 맹세한 땅에 인도할 능력이 없으므로 광야에서 죽였다 하리니"라고 말했다(민 14:13-16). 그리고 모세가 죄악을 사하도록 중보기도 한다(민 14:19).

하나님께서는 "너희 말이 내 귀에 들린 대로 하겠다"하시고(민 14:28), "갈렙과 여호수아 외에는 결단코 들어가지 못하리라"고 하셨다(민 14:30). "정탐한 날 40일의 하루를 일 년으로 쳐서 40년간 죄악을 담당하게 하시고 광야에서 소멸되어 거기서 죽으리라"하셨다(민 14:34-35). 이는 사명을 감당하지 않은 공동체와 인생들은, "먹다 죽는 인생"이라는 뜻이다.

　하나님 나라의 존재 의의는 열방을 향해 복음을 전하여 열방이 하나님 나라로 돌아오도록 해야 한다. 구원받은 하나님 백성은 직분을 감당하고 작은 일에 충성해야 한다. 말씀을 깨달아 말씀을 전해야 한다. 하나님의 자녀로서 사명을 잊게 된다면, 세상에서 먹다가 죽는 인생이 된다. 이를 기억하게 하시는 새벽, 하나님 나라의 사명자들이 사명을 다하는 그날까지 힘주시길 기도한다.

은혜받은 자여

은혜받은 자가 되시라.

"잘 되는 사람은 어떤 사람일까?", "은혜가 무엇일까?" 이런 질문을 해 왔다. 은혜를 받기를 원하기 때문이다.

로마서 6:14, "죄가 너희를 주장하지 못하리니 이는 너희가 법 아래에 있지 아니하고 은혜 아래에 있음이라"라는 말씀이 있다.
"은혜받은 자"는 어떤 사람인가?.

은혜는 값없이 주어지는 선물이다. 기독교에서 인간에게 은혜는 인간의 죄와 허물에서 구원하는 데 있다. 신앙적 죄는 인간이 하나님을 벗어남에 있다.
하나님은 천지 만물을 창조하셨다. 그곳에서 인간을 창조하여 축복하시고 천지 만물을 정복하고 다스리라 하셨다.
그러나 인간은 하나님께 죄를 지었다. 하나님과 분리되고 멀어지는 죽음을 맞이했다. 그러나 하나님은 하나님을 만나는 방법, 죄 사함의 방법인 제사, 예배를 알려주었다. 구약의 제사는 구원의 모형이다. 신약은 예수 그리스도 십자가로 죄 사함의 길을 주시고, 하나님과 화목하게 하셨다.

이것이 하나님의 사랑이요 은혜이다.
예수 그리스도가 복음이다.
예수 그리스도의 사역이 은총, 은혜와 사랑이다.
예수 그리스도가 진리이다.
이를 아는 은혜, 깨우치는 은혜가 있기를 바란다.
하나님은 죄인인 인간의 구원계획을 세우셨고, 예수님이 십자가에서 대속으로 구원을 실행하시며, 성령님께서 각 개인에게 구원을 적용하고 인치신다.

택하시고 부르시고, 거듭나게 하시며 회개와 믿음을 주신다. 의롭다 칭하시고, 양자 삼아, 성화하신다. 이 과정에서도 인간은 연약하여 죄의 유혹에 처해 있는데, 이는 영역의 이동에서 혹 죄의 잔재가 남아 있기 때문이다.
그러나 이를 이기는 은혜, "죄가 주장하지 못하는 은혜"가 있다.

어떻게 은혜를 받는지 알아보면, 말씀과 기도, 예배로 은혜를 받는다. 죄를 짓지 않는 거룩함으로 성화를 이루어 가고, 견인하여 영화로 들어간다. 예배, 말씀과 기도로 "하나님으로 세상을 이기는 교회", 하나님의 자녀 되길 바란다.

은혜받은 사람은 은혜로 구원받은 자녀로 성경 말씀이 깨우쳐지고 믿어진다. 말씀을 믿음으로 기도한다. 하나님 아버지의 이름을 부르며 기도하는 자녀이다.

교회 이야기

교회가 중요한 이유는 무엇인가?

성경은 교회를 통해 이루시는 이야기를 하고 있다.
교회에서 사는, 세상에서 살아가는 교회 이야기를 해 보자.
교회 이야기를 하기 전에 성경과 신학을 알아본다. 나는 성경과 신학에 대하여 알고 싶은 점이 많다. 신학교에서는 성경 신학, 조직신학, 실천신학, 역사신학 등을 구분하여 배운다. 성경 신학과 관련하여 구약과 신약을 한 권의 책으로 또는 구분하여 구분의 각 권으로 배우고 있다. 구약은 모세오경, 역사서, 시가서, 예언서로 나눈다. 신약은 복음서, 역사서인 사도행전, 바울서신, 공동 서신, 예언서로 나누기도 한다. 조직신학은 성경론, 신론(삼위일체론), 인간론, 기독론, 구원론, 교회론, 종말론이 있다.

구원받은 신자의 모임, 무리가 교회이다. 교회는 공동체로 함께하는 교회의 일치로 예수 그리스도를 머리로 하여 예배하고 성도가 교제하며 성만찬을 하는 하나님의 백성들의 모임이다. 교회, 교회론은 언제부터 시작되었고 무엇을 해야 하며, 어떤 유익이 있는가?

에덴 동산은 하나님이 임재하는 성소였다. 그러므로 교회의 시작은 아담과 하와가 에덴에서 하나님과 교제를 나누었던 때부터라고 볼 수 있다. 아담과 하와는 선악과 사건으로 뱀(사탄)의 유혹에 빠져 죄를 범하게 된다. 이 죄에서 구원할 이는 예수 그리스도이시다. 아담과 하와가 셋을 낳고, 셋이 그의 아들 에노스를 낳은 후에 비로소 여호와의 이름을 부르기 시작했다(창 4:25). 셋 계열의 후손들이 하나님의 사람들로 예배를 드리는 공동체로 볼 수 있다. 예배 공동체는 노아를 거쳐 아브라함에 이른다.

아브라함, 이삭, 야곱을 거치면서 하나님 나라의 백성이 구성되었다. 하나님께서 아브람을 불러 고향과 친척과 아버지의 집을 떠나 하나님이 보여주시는 땅으로 가라 하시고, 큰 민족을 이루게 하시며, 너에게 복을 주어 이름을 창대하게 하며, 복이 될 것이라 하고 너로 말미암아 모든 족속이 복을 받을 것이라고 하셨다(창 12:1-4). 아브라함의 복은 하나님의 백성이 되는 복이다. 아브라함의 후손은 혈통이 아니라 예배 드리는 공동체이다.

야곱의 자손이 애굽에 간 후 400년이 지나고 출애굽 후에 모세는 시내산에서 하나님의 언약과 율법을 받고 성막을 만든다. 민수기는 하나님의 백성이 하나님께 예배하며 하나님의 백성답게 사는 사명을 잊고 먹다 죽는 이야기로 사명을 감당하는 교회 공동체 이야기이기도 한다.

역사서에서 하나님은 하나님 뜻에 합한 백성을 찾으신다. 하나님을 대적하는 세력들이 항상 있다.

신약에서 예수는, "자기 백성을 그들의 죄에서 구원할 자"라고 말씀한다(마1:21). 십자가로 구원의 길을 여시고, "다 이루었다"(요 19:30) 하셨다. 예수님은 부활 후에 제자들에게 나타나셔서 "내 양을 먹이라"(요 21:15-17)라고 하셨다.

예수님이 승천하신 후에 약속하신 성령이 임했다(행 2:1-4). 베드로는 "누구든지 주의 이름을 부르는 자는 구원을 받으리라"(행 2:23)라고 설교하였고, "너희가 회개하여 각각 예수 그리스도의 이름으로 세례를 받고 죄 사함을 받으러 그리하면 성령의 선물을 받으리라"라고 전했다(행 2:36). 날마다 마음을 같이 하여 성전에 모이기에 힘쓰고 떡을 떼며 기쁨과 순전한 마음으로 음식을 먹고 하나님을 찬미하며 구원받은 사람이 더해 갔다(행 2:46-47).

스데반의 순교 이후에 예루살렘 교회에 핍박이 심하여 교회가 사마리아와 수리아 등으로 퍼져나갔다. 하나님의 교회는 핍박 속에서도 성장한다. 사도 바울이 회심 후에 예수 그리스도를 담대히 말하며, 온 유대와 갈릴리와 사마리아 교회가 든든히 서가고 주를 경외함과 성령의 위로로 진행하는 수가 더 많아졌다(행 9:31).

이후 사도 바울의 선교 여행으로 믿는 자가 늘어나고 교회를 세웠다. 바울은 세운 교회가 자립할 수 있도록 조직교회를 세우고, 교회에 온 질문과 문제 등에 대해 복음의 본질을 가르치며 거짓 교사와 교회를 미혹하는 자들의 가르침에 반박하는 편지를 보냈다.

목회 서신을 통해 목회에 대한 사항을 보내기도 했다. 또한 바울 서신 외에 공동 서신으로 교회를 세워 나갔다.

사도 시대와 교부 시대를 거쳐서 현재의 교회는 예수 그리스도의 복음과 하나님 나라를 증거하고 있다. 교회는 말씀 공동체, 성령 공동체, 예배 공동체, 선교 공동체, 나눔 공동체이다. 말씀을 선포하며, 가르치고, 섬기며, 교제하는 공동체이다.

교회는 참된 교회와 거짓 교회가 있다. 이 땅의 교회는 하나님이 세우신 교회와 인간이 세운 교회 그리고 사단이 세운 교회(계 2:9, 3:9)가 있다. 교회는 전체가 개 교회를 앞서야 한다. 예수 그리스도와 공동체가 앞선다.

참된 교회는 하나님의 말씀이 선포되는 교회이고, 성례(세례와 성찬)가 바르게 집행되는 것이며, 순결한 교회이다. 교회의 순결함은 교리와 행위에 대한 자유로운 정도를 말한다. 교리적으로나 도덕적으로 문제가 없는 거룩한 교회여야 하며, 교회의 치리가 있어야 한다. 개교회의 건물은 교회가 아니다. 교회는 몸이 하나요 성령도 한 분이시고 한 소망 안에서 부르심을 받았다(엡 4:1-4). 세상과 구별되어야 한다. 세상에서 죄인을 불러서 구원하시고 언약 공동체가 되는 것이 교회의 사명이다. 왜 교회에 모이는가?

말씀을 듣고 하나님께 예배하기 위함이다. 말씀대로 살기 위해; 삶에서 예배드리기 위해 모인다. 교회는 영적으로 같은 신앙고백을 하는 통일성(엡 1:10), 내적 거룩성(삼상 16:7), 보편성, 사도

성이 있어야 한다.

　성도는 중생해서 거듭나야 한다. 죄 사함과 성령으로 인치심이 있어야 한다. 사도성은 말씀(교리), 정경의 계승이다. 이에 벗어나는 교회는 참된 교회가 아니다. 교회는 그리스도, 말씀이 터가 되어야 하고, 역사적이어야 한다. 직분을 세우는 것은 교회를 섬기기 위함이다.

　교회의 유익은 무엇인가?
　하나님께 예배하고, 말씀으로 성장하며, 하나님의 명령에 순종하여 실행하게 된다. 하나님의 백성으로 성령 안에 있는 의와 평강과 희락을 가지며, 하나님을 기쁘시게 하고 사람에게도 칭찬받는다(롬 14:17-18). 예수 그리스도와 연합하며 믿음을 지키고 영생하게 된다. 예수님을 알고 사랑함으로 예수를 통하여 교회를 바라보아야 한다. 하나님은 교회를 통해 하나님 나라를 이루어 가신다.

거룩함과 하나님의 나라

"거룩, 거룩, 거룩"을 찬양하자.
하나님께서 거룩함을 강조하는 이유는 무엇일까?

기독교의 성도, 거룩한 하나님의 백성에 관하여 생각을 해 보았다.

'거룩'은 '거룩하다'의 어근이며 '거룩하다'라는 의미는 "뜻이 매우 높고 위대하다"라고 사전에서 설명한다. 거룩의 기본적 의미는 '구별하다', '분리(구분)하다', '깨끗하게 하다'의 공통점이 있다. 구약에 근거한 신학의 거룩함은, 하나님의 내적 본성(계 4:8)이다.[5] 인간은 하나님 앞에 죄를 지었다. 인간이 죄를 지은 그 때에 인간의 죄로 인해 하나님의 거룩한 이름이 모독을 받았다.

하나님이 거룩하신 분이기에 하나님께서는 우리 인간도 거룩하길 바란다. 이는 하나님 나라 백성의 정체성으로부터 "하나님 나라 백성으로 어떻게 살아갈 것인가?"와 관련이 된다. 하나님의 이름을 거룩하게 함과 동시에 하나님의 백성이 하나님의 형상으로 새롭게 되는 것과 관련이 있다. 하나님 나라 백성은 죄 사함을 받고, 하나님의 영인 성령이 마음에 새겨지고, 이로써 거룩함을 이루

---

5) 김영규, "누가복음 11:1-13 기도 가르침 속의 '하나님 나라'에 관한 신학적 해석 연구"(박사학위논문, 백석대학교기독교전문대학원, 2022), 229.

기 시작한다. 지식적으로 하나님이신 예수 그리스도 안에서 하나님을 알아야 한다.

하나님을 아버지로 부르고, 말씀을 듣고 깨우치며 기도하며, 하나님 자녀로 칭함을 받는다.

성경 신학적으로 거룩함의 의미는 레위기의 거룩함에 상세히 설명되어 있다. 이사야 등 구약 성경만 아니라 주기도문에도 함축적으로 들어있다. 히브리서에서는 예수 그리스도의 피로서 거룩함이 충족되고 만족이 됨을 말씀한다. 요한계시록에서 말씀 약속을 지키는 거룩함을 요구하고 있음을 알 수 있다(계 22:19).

하나님의 자녀는 하나님의 뜻대로 살아감으로 거룩함을 삶 속에서 이루어야 한다. 하나님의 백성이 거룩함을 이루어 가는 방법은 예배, 말씀, 기도이다. 이 땅에서 하나님의 나라 백성은 예배하는 공동체에 속해있으며, 삶 속에 하나님의 말씀과 기도로 하나님의 뜻대로 하나님의 통치를 받고 살아가는 성도이다.
거룩한 하나님의 자녀들이 찬양하는 예배 공동체, 교회를 통해 하나님의 나라가 확장되길 기도한다.

신학에서 하나님의 나라는 무엇인가?

어느 나라 소속인가는 세상에서 정말 중요하다.

나와 우리의 집, 우리의 나라는 세계 여러 나라 중에 어디에 자리 잡고 있는가?

이 땅에서, "하나님 나라는 어떤 나라인가?"라는 질문을 스스로에게 많이 했다. 그 나라의 백성이 되고, 하나님의 자녀라면, 마땅히 알고 하나님 나라의 백성답게 살아가야 한다.

그래서인지 신학을 하면서 "하나님 나라 개념 연구"를 했다. 성경 속에서 살폈고, 신학자의 견해에서도 배웠다. 하나님께서는 천지 만물을 창조하시고, 인간을 지으시고, 가정을 만드시고, 사명을 주시면서 공동체를 이루셨다. 인류 일반 역사 속에 하나님께서는 하나님 나라를 이루실 계획과 이루신 역사를 성경에서 알 수 있다. 하나님 나라는 성경의 핵심 주제이다.

신학자들은 하나님 나라를 이해하는 데 도움이 되는 개념과 특징, 조건들을 연구하고 설명했음을 알 수 있다.[6]

---

6) 김영규, "누가복음 11:1-13 기도 가르침 속의 '하나님 나라'에 관한 신학적 해석 연구"(박사학위논문, 백석대학교 기독교전문대학원, 2022), 242-60.

요약하면, 하나님의 나라는 하나님이 통치하는 나라이다. 하나님 나라는 예수님의 나라로 설명할 수 있고, 세상 나라와 다른 섬김의 나라이다. 하나님의 나라를 대적하는 '사탄의 세계'가 있고, '이 세상의 권세자들의 세계'가 있다.

구약에서의 하나님 나라의 영적, 도덕적 내용은 구약의 토라, 선지서, 시편에 주요한 내용의 윤곽이 그려져 있고, 역사서에서 이루어진 내용을 알 수 있다.

신약에서 예수 그리스도께서 이 땅에 임하심을 "하나님 나라가 이르렀다"라고 함은 신선함과 긴박함, 초월적이며 약속이 이루어진 사건이다.

예수 그리스도로 인한 하나님 나라는 이미 임하셨고 구원을 이루셨지만, 다시 오셔서 구원의 완성을 이루실 하나님 나라도 말씀하고 있음을 알아야 한다.

오셨고 오실 사이 시대, 종말의 때에 성도로 하나님 나라 자녀로 살아가길 원한다. 신령과 진정으로 예배드리며, 말씀과 기도로 살아가길 원한다

예수 그리스도

보고 싶은 사람의 이름을 하늘 향해 불러본 적이 있지요?
오늘 그 이름을 불러봅니다.

마태는 마태복음 1:1에서, "아브라함과 다윗의 자손 예수 그리스도의 계보라"라고 말씀을 전하고 있다.

이 말씀은 아주 중요하다. 신약 성경에서 마태가 처음 나오는 이유가 된다. 비블로스 게네세오스, "The book of Genesis"이 단어의 뜻은 몇 가지가 있다.

게네시스는 창세기의 헬라어 제목이다. 창세기는 창조, 인류, 타락, 회복의 기원을 기록한 말씀이다.

마태는 죄로 인해 일그러진 세상을 새롭게 회복하는 "창세기"를 기록한다. 예수 그리스도의 게네시스는 회복의 나라에 대한 기원, 이야기, 역사, 시대이다.

하나님께서 죄 지은 자기 백성을 구원하고자 언약을 하신 아브라함의 언약과 다윗의 언약이 성취되는 것으로 예수 그리스도이심을 기록한다.

사도 요한은 요한계시록 1:1, "예수 그리스도의 계시라"라고 하며 신약성경 마지막 책을 시작한다.

예수 그리스도를 바르게 아는 것이 복이다.
말씀인 예수님을 예배로, 말씀으로, 기도로 만나길 기도한다.

예수님에 관한 찬양을 드린다.

나의 기쁨 나의 소망되시며(95)

1. 나의 기쁨나의 소망되시며 나의생명이 되신주
   밤낮 불러서 찬송을 드려도 늘아쉰마음 뿐일세
2. 나의 사모하는 선한목자는 어느꽃다운 동산에
   양의 무리와 늘함께 가셔서 기쁨을함께 하실까
3. 길도 없이거친 넓은들에서 갈길못찾아 애쓰며
   이리 저리로 헤매는 내모양 저원수조롱 하도다
4. 주의 자비롭고 화평한얼굴 모든천사도 반기며
   주의 놀라운 진리의 말씀에 천지가화답 하도다
5. 나의 진정사모 하는예수님 음성조차도 반갑고
   나의 생명과 나의참 소망은 오직주예수 뿐일세
   아멘

예수님은 누구신가(96)

1. 예수님은 누구신가 우는자의 위로와 없는자의 풍성이며
   천한자의 높음과 잡힌자의 놓임되고 우리기쁨 되시네
2. 예수님은 누구신가 약한자의 강함과 눈먼자의 빛이시며
   병든자의 고침과 죽은자의 부활되고 우리생명 되시네
3. 예수님은 누구신가 추한자의 정함과 죽을자의 생명이며
   죄인들의 중보와 멸망자의 구원되고 우리평화 되시네
4. 예수님은 누구신가 온교회의 머리와 온세상의 구주시며
   모든왕의 왕이요 심판하실 주님되고 우리영광 되시네

사탄을 이기는 하나님 나라 백성

선생님, 사탄을 아시는지요?

어릴 적 귀신 이야기를 들어 본 적이 있을 것이다. 귀신, 사탄이 어떤 존재이고 하나님 나라 백성은 어떻게 사탄을 대해야 하는지를 알고 싶었다.

사탄은 하나님 나라를 대적하는 자이다. 사탄은 스스로 교만해져서 하나님과 대결하였고, 하나님의 심판을 받아 공중으로 내쫓긴 존재였다(사 14:12-15). 세상 공중 권세를 잡은 자(엡 2:2), 곧 세상의 모든 권세를 잡은 자(마 4:8-9; 눅 4:6)로서, 하나님과 사람을 이간시키고 하나님의 형상을 인간에게 멸하는 역할을 할 때는 마귀라고도 한다.

구약에서 사탄은 세 번 나타난다. 첫째, 사탄은 하나님의 진노를 집행하는 역할을 맡았는데, 그래서 인간의 억압적인 생각을 심는 유혹자이다(대상 21:1). 둘째, 사탄의 역할은 천상의 재판장에서 참소하고 기소하는 역할을 한다(슥 3:1-5). 셋째, 기소뿐 아니라 함정까지 판 후에(욥 1:6-12) 사람들이 유혹되어 범죄를 저지르게 하고, 그 이후에 처벌하도록 한다. 신구약 중간기 이후부터 사탄은 하나님의 원수, 거짓의 아비, 어둠의 존재, 최고의 아비로 알려지며, 실질적인 하나님의 적이 된다.

예수 그리스도는 세상에서 사탄을 물리쳤고 십자가에서 사탄(귀신)을 멸하셨다. 사탄 마귀에게 십자가를 통한 속죄는 비밀이었다. 사탄은 십자가의 의미를 모르고 있었다. 이 하나님의 '정지조건'은 끝까지 비밀이었다. '정지조건'이란, 법률행위가 조건이 성취될 때에 효력을 발생하는 민법 147조의 내용으로, 하나님께서 구약의 성도를 구원해 주시는 방법이다. 율법을 구원의 방편으로 제시하고, 예수님의 십자가를 통해 속죄라는 '정지조건'을 하나님만 알고 계셨다.[7]

하나님 나라의 백성은 예수의 이름으로 사탄을 물리칠 수 있다. 예수님께서 사탄을 이겼기 때문이다. 따라서 하나님 나라의 백성은 이 땅에서 하나님의 나라가 충만히 이루어지도록 기도해야 한다.

하나님 나라를 위한 기도는 악의 세력의 죄악에서 신원하는 기도이다. 궁극적으로 열방을 구원하며 하나님 나를 확장을 위한 기도이다. 사도바울은 복음으로 사탄이 무너지도록 믿음을 가지고, 마귀를 대적하고, 성령 안에서 기도하고 깨어 구하기를 항상 힘쓰도록 가르치고 있다(엡 6:15-18).

어릴 적, 귀신에 관한 이야기를 듣고 무서워한 적이 있다. 이 땅에서 살아가는 성도는 세상에 공중 권세 잡은 사탄의 존재를 알아

---

7) 김병국, 「신학성경 이야기」 (서울: 대서, 2020), 127-32.

야 한다. 사탄과 마귀가 사람들에게 언제 틈을 보는지를 알아야 한다. 사람의 생각에서, 사람의 만남에서 마귀가 틈을 본다. 이기웅 목사 영적대각성 성회를 통해 듣고 깨우친 이야기이다. 사람은 생각을 잘해야 하고, 사람을 잘 만나야 한다. 어떤 사람과의 만남에 따라 삶이 달라진다. 사람은 어떤 사람을 만나는지가 중요하다. 사람을 통해 마귀는 틈을 본다. 은혜가 없는 사람은 불만과 불평을 한다. 은혜롭지 않을 때, 마귀가 틈을 본다. 말씀이 믿어지지 않을 때, 믿음이 떨어질 때, 마귀는 틈을 본다. 믿음이 떨어지면, 사람은 하나님을 두려워하게 된다. 마음으로 하나님의 말씀을 받을 때, 믿음은 성장한다. 시험에 든 사람에게 마귀는 틈을 본다. 시험에 든 사람은, 말을 만들고 부푼다. 마귀의 틈을 탄 사람을 만나면, 마귀는 틈을 탄다. 성령이 소멸하면, 마귀는 틈을 탄다. 성령을 모독할 때, 성령을 거역할 때, 마귀는 틈을 탄다. 마귀에게 틈을 주면, 들어오게 된다. 그러므로 작은 틈이라도 생기지 않도록 말씀을 붙잡고 기도해야 한다.

  하나님의 백성은 말씀이 믿어져야 하고 기도해야 한다. 믿음의 병이 들거나 시험에 든 사람은 말씀에 은혜가 없다. 믿음의 병은 세상을 사랑할 때, 들어간다. 하나님과 멀어져서 병이 든다. 정직하지 못하고 거짓말할 때, 믿음이 떨어진다. 선악과 열매를 보고, 세상을 보고 사랑하므로 인해 믿음에 병이 든다. 거짓말하고, 양심을 마귀의 조정을 받고 있으므로 병이 든다.

  지금도 가룟 유다와 같은 사람이 있다. 예수님을 믿지 않는 자가 있고, 예수를 팔 자가 있었다. 그 사람, 가룟 유다는 마귀이다

(요 6:64-71). 마귀가 가롯 유다의 마음에 들어갔다(요 13:2). 이러한 사항은 성도 중에도 있을 수 있다. 누구든지 가롯 유다와 같은 짓을 할 수 있다. 마귀는 사람을 통해서 들어간다. 사울에게 악신이 들어가 다윗을 죽이려고 했다. 마귀는 우는 사자와 같이 두루 다니며 삼킬 자를 찾는다(벧전 5:8).

하나님의 백성, 자녀에게는 만남이 중요하다. 그리스도 안에서 사귐이 중요하며, 믿음이 중요하다. 믿음으로 악을 대적해야 한다(벧전 5:9). 비방과 마귀의 올무에 빠질까 염려하라(딤전 3:7). 마귀를 대적하기 위하여 하나님 말씀의 전신 갑주를 입고 기도해야 한다(엡 6:10-18). 마귀를 잘 알고 틈을 주지 않도록 해야 한다. 믿음 있는 사람, 은혜로운 사람, 성령이 있는 사람을, 마귀도 너무 잘 알고 있다. 그러므로 하나님 나라의 자녀는 만나는 사람에게서 분별하는 능력으로 사탄과 마귀를 알아, 지혜롭게 대처하길 원하며 기도한다.

바울의 향기로운 편지

최근 귀한 편지를 받은 적이 있나요?
예, 사도 바울로부터 향기로운 편지를 받았습니다.

일상에서 편지를 받으면 언제나 마음이 설렌다. 위대한 사도바울의 편지를 받았다. 그의 편지는 그 시대 교회와 개인에게 보낸 것이다. 오늘 그 편지 보니, 내게 보낸 편지이기도 하다. 그의 편지 속에는 그의 믿음과 사랑의 마음이 담겨 있다.

어쩌면 그가 그 시대에 겪은 이야기와 하나님의 역사는 지금도 이어지고 있으며, 현시대 교회와 개인에게 가르치고 알려주고 있다.

바울은 다메섹 도상에서 예수 그리스도를 만났고 회개하며 깨우침을 얻는 시간을 가졌다. 사도바울은 회당에서 예수 그리스도 복음과 하나님 나라를 전하기도 했다. "하나님의 나라를 전파하며 주 예수 그리스도에 관한 모든 것을 담대하게 거침없이 가르치더라"는 사도행전의 마지막 28장 31절에 기록되어 있다. 그러한 그가 우리들에게 말씀을 전하고, 편지를 보냈다.

사도 바울 사역의 특징은 한 사람, 한 가정을 대상으로 복음을 전하고 그는 지역마다 작을지라도 조직 교회를 세웠다. 바울의 설교는 청중에 따라 청중에 맞추어 다르게 전해졌다. 이방인들에게 행한 그의 설교는 창세기부터 시작한다.

바울의 밀라도 설교에 "유대인과 헬라인들에게 하나님에 대한 회개와 우리 주 예수 그리스도께 믿음을 증언한 것이라 보라 이제 나는 성령에 매여 예루살렘에 가는데"라고 하며, "오직 성령이 각 성에서 내게 증언하여 결박과 환난이 나를 기다린다 하시니(행 20:21-22상), 내 달려갈 길과 주 예수께 받은 사명 곧 하나님의 은혜의 복음을 증언하는 일을 마치려 함에는 나의 생명조차 조금도 귀한 것으로 여기지 아니하노라"말하고, 행했다(행 20:23-24). 그는 복음을 전하는 데 자신의 생명조차도 귀하게 여기지 않았다.

바울은 성령의 사람이고, 예수 그리스도의 증언자이다. 바울은 고린도 교회 성도들에게, "항상 우리를 그리스도 안에서 이기게 하시고 우리로 말미암아 각처에서 그리스도를 아는 냄새를 나타내시는 하나님께 감사하노라 우리는 구원받은 자들에게서나 망하는 자들에게나 하나님 앞에서 그리스도의 향기이니"라고 편지했다(고후 2:14-15). 그는 그리스도 안에서 이기는 자라고 하였고, 하나님 앞에서 그리스도의 향기로 표현했다. 그리스도의 향기를 내는 사람이었다.

그는 로마 감옥에서 빌립보 교인들에게 "푯대를 향하여 그리스도 예수 안에서 하나님이 위에서 부르신 부름의 상을 위하여 달려가노라"라고 편지했다(빌 3:14). 바울은 하나님이신 예수 그리스도에게 잡힌바, 그것을 잡고자 푯대를 향했음을 강조하며 기록했다. 그는 예수 안에서 부르심의 목표를 향해 달려간 사람이다. 예수의 사람이다.

교회를 향한 바울의 마음은 "그리스도의 남은 고난을 그의 몸 된 교회를 위하여 내 육체에 채우노라"라고 말했다(골 1:24). 이것이 그리스도를 위한 행적과 신앙 고백이다.

바울은 목회에서 기도해야 함을 강조했고(딤전 2:1), 성도를 대하는 태도에 나이와 상황에 따라 세밀하게 대하도록 권면했다(딤전 5:1-25).

바울의 성경론은, "또 어려서부터 성경을 알았나니 성경은 능히 너로 하여금 그리스도 예수 안에서 있는 믿음으로 말미암아 구원에 이르는 지혜가 있게 하느니라 모든 성경은 하나님의 감동으로 된 것으로 교훈과 책망과 바르게 함과 의로 교육하기에 유익하니"라고 디모데와 우리에게 가르쳤고 가르치고 있다(딤후 3:16). 그는 성경에 관해 능통하며, 성경을 교육하도록 알려 주고 있다.

바울의 편지는 그 시대에 자신이 깨우치고 전한 복음에 관하여 기록되어 있다. 하나님 나라 복음을 전하고 교회를 세우며 든든히 서 가도록 돌보았다. 그는 선교하며 교회를 세우고, 교회를 이끄는 지도자를 세우며, 성도들에게 가르치고 있다.

바울은 그 시대 교회뿐만 아니라 이 시대에도 일어날 수 있는 교회 사역에 관하여 귀한 말씀을 가르치고 기록으로 권면하고 있다. 그는 그리스도의 향기가 나는 편지를 보내줌에 감사한다.

사귐에 대하여

요즘 어떻게 지내세요? 누구하고 사귐을 가지고 계시는지요?

세상 살면서 세상에서 "인간관계"가 중요하다고 알고 알려져 있다. 인간관계는 인간 간의 관계로 사귐에 있다.

성경은 하나님과의 관계, 사람과의 관계에 대한 지혜의 말씀을 기록하고 있다. 성경은 하나님과 인간에 관한 계시의 말씀이 담겨 있다.
"모든 성경은 하나님의 감동으로 된 것으로 교훈과 책망과 바르게 함과 의로 교육하기에 유익하니"라고 말씀한다(딤후 3: 6).

인간 간의 사귀는 방법은 어떻게 해야 할까?

성경에서 요한서신은 '사귐'에 관하여 말씀한다. 요한일서 1장 1절, "태초에 생명의 말씀에 관하여 우리가 들은 바요 눈으로 본 바요 자세히 보고 우리의 손으로 만진 바라" 말씀하고, 3절에서 "우리가 보고 들은 바를 너희에게 전함은 너희로 우리와 사귐이 있게 하려 함이니"라고 말씀한다.
이 사귐은 아버지와 그의 아들 예수 그리스도와 더불어 누림이다. "우리가 이것을 씀은 우리가 기쁨이 충만하게 하려 함이라" 말씀한다(요일 1:4). 그리고 하나님은 빛이라고 말씀한다(요일 1:5). 그에게 어둠이 조금도 없다(요일 1:5).

만일 우리에게 사귐이 있다 하고 어둠에 행하고 거짓말을 하면 진리를 행하지 아니함이다(요일 1:6). 우리의 사귐은 아버지와 그의 아들 예수 그리스도와 더불어 누림이다(요일 1:3 하). 인간은 사귐은 삼위일체 하나님과의 사귐이 우선이다. 하나님과 연합된 사귐의 성도는, 예수 그리스도의 머리인 교회로 교회의 구성원으로 진리와 사랑, 사귐과 섬김을 이루어 간다.

요한이 기록한 요한계시록 2-3장에는 7 교회에 보내는 편지의 내용이 기록되어 있다. 그 내용의 요지 말씀은, 예수님께서 교회는 진리와 사랑 가운데 있도록 말씀하신다는 것이다. 진리는 말씀, 예수 그리스도이시다. 요한 2서에서는 사랑 때문에 진리를 희생하지 말도록 말씀한다. 거짓말하는 자, 미혹하는 자는 적그리스도라고 한다.

우리의 사귐은 빛 가운데 사귐이어야 한다. 빛 가운데 있다면 사귐이 있고 예수의 피로 우리의 죄를 사해 주신다. 예수의 피가 우리를 깨끗하게 한다. 우리가 죄를 자백하면 죄를 사해 주신다고 말씀한다.

우리 모두에게 생명의 말씀을 보고 듣고 배우고 깨우치시는 은혜가 있기를 바란다. 따라서 그리스도 안에서 사귐이 있기를 기도한다.

"태초에 말씀이 계시니라 이 말씀이 하나님과 함께 계셨으니 이 말씀이 하나님이시니라(요 1:1)". 말씀을 통해 하나님을 만난다.

"태초로부터 있는 생명의 말씀에 관하여는 우리가 들은 바요 눈으로 본 바요 자세히 보고 우리가 손으로 만진 바라(요일 1:1)".

예수 그리스도는 진리의 말씀이다. 예수 그리스도와 사귐으로 하나님 나라 자녀로 "의와 평강과 희락" 얻게 된다. 하나님과의 사귐이 이루어지면 성령의 임재와 도우심으로 본질적 변화로 인간과의 관계는 사귐은 진리와 사랑 안에서 이루어진다.

베드로는 "이로써 그 보배롭고 지극히 큰 약속을 우리에게 주사 이 약속으로 말미암아 너희가 정욕 때문에 세상에서 썩어질 것을 피하여 신성한 성품에 참여하는 자게 되게 하려 하셨느니라"라고 전한다(벧후 1:4). 그리스도 안에서 성도들의 사귐을 통하여, 신적 성품에 참여하는 자가 되게 하여 위함이다. 즉 교회, 시찰, 노회에서 성도 간 교제와 사귐은 성도인 성도와 성도인 목사로 하여금 신적 성품에 참여하는 데 있다. 신적 성품을 가진 성도는 썩어질 세상에서 썩지 않는 하나님의 나라를 믿으며 전하는 것이다.

그리스도 안에서 진정한 사귐이 되기를 바란다. 예수 그리스도 안에서 연합하여 구원을 얻고 영생하는 기쁨이 있게 되기를 기도한다. 예배, 말씀과 기도로 은혜받기를 기도한다.

인간 죽음 후의 하나님 나라는?[8]

모든 인간은 죽는 존재이다. 그대의 생각은 어떠하신가요?

인간은 죽음 후의 세상을 모르지만, 알고 싶어 한다. 나는 중학교 1학년 때 삶과 죽음에 관해 심한 몸살을 앓았다. 어디에서 와서 어디로 가는가? 왜 사는가? 죽음 이후의 세계는 어떠한가?

죽음 이후의 세계, 그 존재에 관해서도 견해들이 많다.

성경은 죽음 이후의 삶의 세계가 존재한다고 말씀한다(눅 16:19-31, 고후 5:1-5). 이를 믿는 성도들에게도 죽은 자와 현세에서 이별하여 이 땅에서 더 이상 볼 수 없기에 위로가 필요하다. 따라서 성도를 위로하고 이 땅에서 믿음으로 경건하게 하나님의 말씀대로 빛과 소금의 삶을 살아가기 위해 목회적으로 표현이 가능한 견해도 있다. 그럼에도 "천국에 들어갔다"라고 말하는 것보다는, "오늘 네가 나와 함께 낙원에 있으리라(눅 23:43 중)"에 근거하여 "낙원에 들어갔다"라고 표현하는 것이 누가복음 본문의 의도를 제대로 전달한다고 해석된다. 이는 믿음의 문제와도 관련된다. 성경에서 말하는 영생에 대하여 성도는 헬라 전승에 따라 영

---
[8] 김영규, (박사학위논문, 백석대학교 기독교전문대학원, 2022), 295-97.

혼 불멸로 보지 말고, 히브리 전통에 예수 그리스도, 하나님과 연합하여 영원히 지속되는 가르침 속에 믿음을 가지도록 해야 한다.

성도된 우리는 부활을 소망하고 '죽음 이후의 삶 이후의 삶'을 소망하며 하나님이 원하시는 삶을 살아내고 하나님의 사역을 해야 한다. 또한 '하나님 나라'는 영의 세계로, 인간의 눈으로는 다 볼 수 없는 영역이기에 신학적으로 계속 더 연구해 나가야 할 과제이다.

목회적으로는 죽음 후의 천국에 대하여, "믿음으로 하나님 나라에 들어갔다"라고 할 수 있다. 이렇게 말하는 성도에게는 죽음 후에 하나님이 통치하시는 새로운 나라, 그 나라가 존재한다고 믿는다. 이 땅의 어렵고 힘든 세상사에서 '하나님 나라'의 산 소망을 가지고 살아갈 수 있기 때문이다. 이 땅에서 살아가는 성도들은 하나님 나라의 아름다움을 전부 다 알기란 불가능하다. 인간 지식의 한계가 여전히 존재하기 때문이다. 여호와 하나님께서 폭풍우 가운데 욥에게 말씀하신 것처럼(욥 38:1-41:34), 우리는 하나님 나라를 완벽하게 알 수 없고, 인간의 관점에서 자신의 시각과 제한된 지식으로 판단하고 있기 때문이다. 인간은 욥처럼 하나님께 회개하고 신앙 고백을 하며(욥 42:1-6), 예배하고 하나님을 사랑하고 형제를 사랑하며 기도하는 삶(욥 42:8-9)을 살아야 한다. 욥이 친구를 위해 기도할 때, 즉 이웃을 위해 기도할 때 하나님께서 욥에게 이전보다 갑절을 주신 것(욥 42:10-12)과 자녀들을 주시고 기업을 주신 이야기(욥 42:13-16) 후에, 늙어 나이가 차서 죽은 이야기를 한다. 욥기에서 죽음 후의 이야기는 하나님의 영역으로 남겨두고 있다(욥 42:17).

인간이 이 세상의 원리와 창조 세계를 다 모르고 살아가는 것처럼 죽음 후의 세계에 대해서도 지극히 적은 지식으로 살아가고 있다. 겸손히 하나님 나라를 사모하며 기도하는 태도가 필요하다. '죽음 이후의 삶 이후의 삶'에도 대해서도 산 소망을 가지고 살아가며, 바라보는 지평선이 되어야 한다고 여긴다.

성경은 다시 오실 예수님에 관해 중요한 말씀을 한다. 그것은 예수님께서는 다시 오신다고 했으며(행 1:11), 그 시기에 대해서는 알 수가 없다고 하셨다(마 24:36, 막 13:32). 그러므로 주님의 오심을 기다리며 깨어 있어야 한다(마 25:13, 살전 5:6, 벧후 3:10).
다시 예수님이 오시는 그때는 징조가 있는데(마 24:29-33, 살전 5:4, 행 2:19-20, 벧후 3:3-4), 이제 그때가 가까워졌다(고전 7:29, 롬 13:11-14, 빌 4:5)는 것이다. 예수님의 다시 오시는 파루시아(재림)은 영광 중에 오시고(마 24:30, 눅 9:26, 딛 2:13), 이때는 하나님의 백성은 집결한다(마 13:27, 요 14:3, 살후 2:1)고 말씀하신다.
그러므로 이 말씀들을 믿는다면, 죽음으로 모든 것이 끝나는 것이 아니고, 예수님이 다시 오실 때, 예수 그리스도 안에 있는 성도는 예수님이 예비하신 처소에 함께 있게 할 것이다(요 14:3). 따라서 성도는 다시 오실 예수님으로 위로를 삼고(살전 4:17-18), 그때를 바라보면서(벧전 1:13), 거룩한 생활을 하며(딤전 6:14, 딛 2:12), 말씀대로 기도해야 한다. 미혹되는 일이 없도록(마 24:4, 살후 2:3), 예비하고 기도해야 한다. 주님 오실 그날까지 주님이 주신 사역에 충실하고, 소망을 가지고 말씀대로(마 25:1-30, 살후 3:11, 딛 2:1-13), 살아가도록 기도해야 한다. 믿는 자에게는 깨어 있어 "아멘 주 예수여 오시옵소서"(계 22:20)이 되어야 하기에 기도해야 한다.

장례식에서는 위로를 나눠야 한다. 또 남겨진 자로서 하나님 앞에 신실한 삶을 살아내어야 한다. 죽음에 대한 누가복음의 성경적 말씀인 "낙원에 들어갔다"라는 표현을 죽음을 맞이한 성도들이 보편적으로 사용할 용어로 제안한다. 낙원에 들어간 성도는 이 땅의 삶을 마쳤지만, 그 삶으로 모든 것이 끝이 아니고, 어떤 장소적 개념으로 옮겨진 것도 아니다. 이는 영원히 예수 그리스도와 연합된 상태의 표현이며, 예수님이 다시 오시면, 부활체로 함께할 존재의 상태이다.

죄 가운데 있는 자기 백성을 구원하신 하나님께서는 이 땅에 사는 자기 백성에게 성령을 주셨다. 또한 교회를 통하여 하나님 나라의 완성을 이루어 가신다. 하나님께서는 성령의 인치심을 받은 자기 백성 된 자와 세상 끝 날까지 함께 하심을 약속하셨다(마

28:20). 하나님의 주권적으로 구원하심에 응답하는 백성이 되어야 하며, 이를 위해 교회는 복음을 전해야 한다. 하나님의 자녀는 말씀하신 하나님 나라가 이 땅에 임하도록 기도해야 한다. 이 해석의 중요 포인트는 성경의 계시에 따라 죽음 후의 하나님 나라의 존재에 관해서 성경에서 말씀하신 바에 따라 말씀대로 믿고 기도하며 순종하는 삶을 살아가는 은혜가 있길 바란다.

● 에필로그 ●

　사람이 그립습니다. 사람으로 살아가는 바른 삶이란 무엇인가요? 태어난 고향에서 돌아갈 고향으로 가는 길 위에서 나는 어디쯤 와 있는가요? 그리운 사람이 보고 싶습니다.
　그 마음이 수필을 쓰게 했습니다. 시간의 관점에서 과거의 삶, 현재의 삶, 미래의 삶이 있습니다. 그 삶 속에 보고 싶은 그리운 사람들이 있습니다. 지금 볼 수 없지만 가슴에 담겨있는 분들, 시로 표현하기에는 설명이 필요하여 수필 형식으로 적었습니다.

　가정에서 보살핌과 사랑의 장(場), 친척과 친구와 지내온 만남과 교제의 장(場), 학교와 직장에서 지낸 만남과 배움의 장(場)들이 있었습니다. 그리고 하나님을 만나는 은혜의 장(場)이 있습니다.

　과거는 세상에서 성공하려고 했습니다. 실패와 좌절, 아픔을 경험했습니다. 저를 믿어주고 사랑해 주셔서 살아온 세월이었습니다.

　내 삶의 변화는 무엇인가? 목사로 살아가는 나를 보며, 아내와 자녀들은, 손자들 손녀들, 성도들은, 친구들은 내가 변화된 삶을 살고 있다고 인식하고 있는가? 그런 질문을 스스로에게 합니다.

믿음과 하나님 나라에 관해서 신앙적 수필 형식으로 간략히 적었습니다. 그런데 아쉬움이 있습니다.

나는 성경 읽고 듣고 전하는 일이 좋습니다. 힘닿는 날까지 바르게 행하고 전하도록 기도드립니다.

믿음에 관해서는 「큰 바위 얼굴」의 이야기처럼, 하나님의 은혜로 위대한 믿음의 사람들을 닮아가고 싶습니다.
하나님 나라의 주제는 하나님 나라 자녀로 삶에서 적용되며, 향기로운 편지를 적을 수 있게 되길 바랍니다. 작은 목회에 주님 기뻐하시는 열매가 있길 소망합니다. 또한 성경 신학 연구가 진척되고 전하여지는 기회도 있길 바랍니다.

소수의 사람일지라도 진실한 사람과 "밥 한 번 같이 할까요?"라는 말을 하고 싶습니다.

밥 한 번 같이 할까요?

인쇄일 | 2025년 9월 20일
발행일 | 2025년 9월 20일

지은이 | 김영규
펴낸곳 | 도서출판 조은
펴낸이 | 김화인
디자인 | 김진순
주소 | 서울시 중구 을지로20길 12 대성빌딩 405호
전화 | (02)2273-2408
팩스 | (02)2272-1391
출판등록 | 1995년 7월 5일 신고번호 제1995-000098호
ISBN | 979-11-94562-14-6
정가 | 15,000원

♠ 잘못된 책은 바꾸어 드리겠습니다
♠ 이 책의 내용은 신저작권법에 의하여 국제적으로 보호받고 있습니다.
♠ 전재 및 복제를 할 수 없습니다.